凌稚隆《史記評林》研究

周録祥 著

上海古籍出版社

本書爲

廣東省普通高校人文社科重點研究基地

嶺東人文創新應用研究中心（2018WZJD005）建設

以及韓山師範學院科研創新團隊"嶺東文獻整理與文學研究"

階段性成果

目　　録

上編

概述和版本研究

明萬曆年間，《史記》的一個重要版本凌稚隆編《史記評林》面世，這是一部匯輯《史記》歷代評論、闡發《史記》意旨書法的集大成之作，茅坤贊爲"渡海之筏"（《刻史記評林序》），王世貞贊爲"一發簡而瞭然若指掌，又林然若列瓊寶於肆而探之也"（《史記評林序》）。同時，這個本子校勘較精，對此後的《史記》版本校勘也發揮了很大作用，對《史記》研究産生過重要的影響。

第一節 《史記評林》編撰者凌稚隆

凌稚隆,浙江烏程晟舍鎮(今屬浙江湖州市吳興區)人,生卒年不詳,約明萬曆年間在世。今存的傳記材料主要爲明萬曆後各版《湖州府志》、《烏程縣志》及閔寶梁《晟舍鎮志》的相關記載,而《晟舍鎮志》卷八收有范應期撰《凌磊泉傳》,雖不免吹揚,但可見凌氏生平之大概,今抄録如下:

> 公姓凌氏,諱稚隆,字以棟,號磊泉,藻泉公之季子。博覽羣書,蹇修自好,生平忠信廉潔,善周人之急,知交皆一時名公鉅卿。於世無所嗜,獨嗜班、馬二史,嘗歎當時操觚之士腹笥筆吻無適而非史,但訓詁之家①,傳聞異詞,或書僻而不易識,或事遠而不易證,或義奧而不易通,至習之者不得於事,則姑傅會以文之;不得于義,則姑穿鑿以逆之;眯法于篇,則姑挦其句;眯法于句,則姑剽其字。膚立者持門户,皮相者矜影響。[昔]藻泉公以史學著②,以棟追本世業,按其義以成先志,集之若林,左提右挈,時出其疑信,以頡頏于司馬、班氏之間。其言則自注釋以至贊隲,其人則自漢以迄嘉、隆,又旁引他氏史而撮其勝,紹明班、馬之統,足稱古良史矣。設分以龍門、蘭臺片席,使得抽金匱石室之藏,以自成一家言,當不在子長、孟堅

---

① "訓詁"原誤作"訓話"。
② "昔"字據《凌氏宗譜》補。

下也。王元美嘗云："我高皇帝德逾漢高萬萬，文獻即小未稱，亦不下武宣叔季，有能整齊其業，以上接班、馬，捨以棟奚擇哉？以棟其俟之！二史既膾炙人口，復出其《左傳注評測義》以公世，余曾爲叙之，夫曰注、曰測義，則進於評矣。"元美又云："昔左氏臣《春秋》而素，杜預臣《左氏》而忠，若以棟之忠于左、于杜，不尤炳然乎？"洵真知人哉。三大業既成，不啻揖班、馬、左、杜而伯仲之矣。於是陶情諷詠音什之間，輯《五車韻瑞》、《文林綺繡》若干卷①，自經史以及詩歌，凡名儒碩卿、騷人處士，綺思瑋句，莫不依韻而甄裁之，使採擇者如入鄧林、泛瑶海，金波綷羽，無非異光，驅使古人，儼然南面而門内外坐之，真洋洋大觀也。晚年復輯《三才統志》，日嘔血數升，手不停批，其於上下天地之際，三皇五帝因革損益之大，以迄百家六藝，莫不網羅斟酌，所謂天動神解，洞竅濯髓，必極其至，殆亦渡海之筏歟？惜爲造物所忌，不令卒業，竟以壽終。嗟乎！湘靈鼓瑟，至今有歎"曲終人不見"者。

又考《晟舍鎮志・歷仕》及清凌士麟《凌氏宗譜》，凌稚隆原名遇知（兄迪知、述知、弟遂知），原字稚隆（兄迪知字稚哲，述知字稚明），又字際叔（際、遇義近）。後以稚隆爲名，改字以棟，號磊泉（亦與兄迪知號繹泉、述知號次泉相類）。"邑庠生，入太學，授北直隸鴻臚寺左寺丞。《郡志》作署正，誤。"②與王世貞、茅坤等有交往，世貞曾爲其《史記評林》、《漢書評林》、《春秋左傳注評測義》、《史記

---

① "文林綺繡"，《凌氏宗譜》作"文林啓秀"。
② （清）閔寶梁《晟舍鎮志・歷仕》。

纂》作序,稱美云:"凌際叔於世無所嗜,獨嗜書,而所嗜書,其最爲司馬子長,次則班孟堅。二史蓋不獨嗜之,而又能精治之。""迨我明而彬彬有聞矣,乃又有際叔者,爲左提右挈,超東京乘,而頡頏於司馬、班氏間,可屈指覘也。"①茅坤曾爲其《史記評林》作序。

值得注意的有兩點,一是凌稚隆生於湖州烏程晟舍鎮。明代,以晟舍爲代表的湖州與南京、徽州是全國三大刻書業中心。清鄭元慶《湖録》云:"吾湖明中葉如花林茅氏、晟舍凌氏、閔氏、匯沮潘氏、雉城臧氏,皆廣儲籤帙,舊家子弟好事者,往往以秘册鏤刻流傳。"湖州晟舍凌氏與同鎮閔氏,皆是明代版刻世家,家富典籍,書香不斷,"兩家當日,席豐履厚,其賢者伏居鄉里,不問世事。誦詩讀書之餘,專以刻書相競"②。兩家刻印的多是善本秘籍,且雕刻精良,以套色印刷最爲特色。而在後期,凌氏的聲名似乎更加卓著,有"天下無不知有凌氏書"之説③。

二是凌稚隆是晟舍凌氏。陳肇英《凌氏重修族譜序》所謂"吾湖凌氏爲吳興望族,其先世顯於孫吳,自唐大司馬迄今千有餘年,代登顯爵。子孫繁衍,散居於浙、直之間,其爲本郡最著者,莫如安吉、晟舍、雙行、練市數支"④。晟舍凌氏代有聞人,而凌稚隆一支尤爲著名。今據清凌士麟修《凌氏宗譜》及《晟舍鎮志》,略次凌稚隆前後世系如下:

六世祖:凌賢。洪武戊辰舉人,官應天府治中,"居官剛正不阿","宣宗皇帝作《招隱歌》以徵之,入見,命階司馬,又命掌都察院

① (明)王世貞《漢書評林序》,《弇洲四部稿·續稿》卷四十四。
② 周越然《書談·套印本》,《小説月報》1936 年第 22 卷第 7 期。
③ 同治《湖州府志》卷七十五《人物傳·文學二·凌迪知傳》。
④ (清)凌士麟《凌氏宗譜》卷首。

事,並辭。上嘆曰:'汝欲學疏廣耶？朕遂汝高志。'御書'賜老堂'三字褒而遣之"①。自祖凌謙起,居歸安縣練溪(今湖州練市鎮)。子五人:晏如、坦如、英如、裕如、定如。

高祖:凌晏如,曾與修《永樂大典》,官至都察院右僉都御史。"舉劾不避,僚寀憚之","業儒敦行,精六書之法。"②子五人:敬、啓、肇、敦、敷。

曾祖:凌敷,字達夫,號怡雲。入贅烏程晟舍閔氏,爲凌氏遷居晟舍之始祖。子三人:雲、雯、震。

祖父:凌震(1471—1535),字時東,以廩貢選授黔陽縣學訓導,提督寶山書院。著有《練溪文集》二卷、《詩集》二卷。世稱練溪先生。"生而穎異,有俊才,博綜羣籍,曉析百家","善古文,尤長於詩,文涵蓄縝密,詩清婉悲壯"③。與文徵明、劉麟、孫一元等有交往,文徵明稱其"明淑博雅"④。子三人:紀言、納言、約言。

父:凌約言,字季默,號藻泉,嘉靖十九年(1540)舉人,授南直隸全椒知縣,歷任沔陽知州、廬州府同知、南京刑部員外郎等職。著有《史記評鈔》(又名《史記概》)、《鳳笙閣簡鈔》、《椒沔集》、《漢書評鈔》、《病稿偶録》等。王世貞題其墓,稱爲"有吳賢大夫"、"績學工藝文"⑤。子四人:迪知、述知、遇知(即稚隆)、遂知。

―――――――――

① (明)劉麟《黔陽縣學訓導凌公震墓志銘》,《獻徵録》卷八十九。
② 同上。
③ 同上。
④ (明)文徵明《明故練溪先生元配王夫人合葬墓志》,凌士麟《凌氏宗譜》。
⑤ (明)王世貞《南京刑部郎進朝列大夫藻泉凌君墓表》,《弇洲四部稿》卷九十四。

長兄凌迪知（1529—1600），字稚哲，號繹泉（凌濛初父①），嘉靖三十五年（1556）進士，授工部郎中，後謫定州同知，遷大名府判，升常州府同知。著有《萬姓統譜》一百五十卷、《歷代帝王姓系統譜》六卷、《姓氏博考》十四卷、《大學衍義補英華》十八卷、《文林綺繡》五十九卷、《名世類苑》四十六卷等；凌述知，字稚明，號次泉，貢生，官光禄寺監事，著有《盟鷗館集》、《野語續虱録》、《金谷鈔詩集》。凌遇知（稚隆）；凌遂知，輯有《青玉館集》。

子：沐初，字元心，號保真，郡庠生，著有《尺一國華選》、《竹素編》、《交游志》等；洪初；浣初，字元純，號貞白；澄初。

孫：翹椿（沐初嗣子）、天相（洪初子）、樞臣（浣初子）、森美、森主、森發、森韡（澄初子）。

第二節　凌稚隆編著書目

凌稚隆一生功名蹭蹬，專心著述，成書數種。其著述多以編著的形式，《晟舍鎮志》、《烏程縣志》、《湖州府志》、《浙江通志》、《千頃堂書目》、《明史·艺文志》、《四庫全書總目》等，皆有著録，今略作論列如下：

1.《史記評林》一百三十卷

按：存。亦名《史記百家評林》（《千頃堂書目》卷五《史學

---

① 乾隆《烏程縣志》卷六《人物》之《凌稚隆傳》、《凌濛初傳》及《晟舍鎮志》皆以濛初爲稚隆子，然據《凌氏宗譜》，稚隆止有四子。凌濛初非稚隆子，乃稚隆兄迪知之子。

類》)。萬曆四年(1576)刻本,一百三十卷、卷首一卷,半頁十行,
行十九字,小字雙行同。左右雙邊。白口,版心上題"史記卷
一",下題刻工姓名(或略稱,或空)。單魚尾,首卷魚尾下題"五
帝本紀",下標本卷頁碼。首卷卷首首行題"史記評林卷之一",
下題"吳興凌稚隆輯校",次行題"五帝本紀卷一"。《晟舍鎮志》
作"一百卷",蓋涉下《漢書評林》一百卷"而誤。王世貞《弇州四
部稿·續稿》卷一百八十二云:"凌生近致《評林》一部來乞序,僕
頗念其刻之精,而病其采之雜,然至膏夕加鉛槧差爲便耳。"今
《四庫未收書輯刊》收入。

2.《漢書評林》一百卷

按:存。又名《漢書百家評林》(《浙江通志》、《澹生堂書目》)。
萬曆九年(1581)家刻本,十行二十字,小字雙行同,白口,左右雙
邊,版心有刻工名。本年又曾剜版重印。後又有書林余彰德刻本、
雲林積秀堂刻本。此書與《史記評林》體例相同,又合稱《史漢評
林》。王世貞《漢書評林序》云:"自《史記評林》成,而學士大夫好其
書者屬集於際叔之門,際叔益自憙,以《史記》之例例《班史》,蓋又
二年所,而《班史》之《評林》亦成,凡百十九卷。"①茅坤《刻漢書評
林序》亦云:"凌太學曩抱先大夫藻泉所手次諸家讀《史記》者之評,
屬予序而梓之,已盛行於世矣。世之縉紳先生嘉其梓之工,與其所
採諸家者之評,或稍稍概於心也,復促之,並梓《漢書》爲一編。"②

---

① (明)王世貞《弇洲四部稿·續稿》卷四十四。
② (明)茅坤《茅鹿門先生文集》卷十四,《續修四庫全書》本。

可知《史記評林》刊行後，大獲歡迎，凌氏深受鼓舞，復有此書之輯刊。王氏又云："公此書行，所謂班氏朽骨得蒙榮造矣。"①盛贊對《漢書》研究的推動作用。

3.《春秋左傳評注測義》七十卷

按：存。萬曆十六年凌氏家刻本，十行二十字，小字雙行同，白口，左右雙邊，版心有刻工名。附《春秋世系譜》、《春秋左傳名號異稱便覽》、《春秋左傳地名》、《讀春秋左傳測言》、《春秋左傳總評》、《春秋左傳引用書目》、《春秋左傳注評測義姓氏》、《讀春秋左傳測言》、《輯春秋左傳凡例》一卷。此書體例與《史記評林》、《漢書評林》相近，日本浪華心齋橋書鋪積玉圃刊有增補版，雖卷首題"春秋左傳評林測義"，而書名頁即題"春秋左氏傳評林"，稱"明吳興凌稚隆原本、日本西播奧田元繼輯"。《明史》卷九十六《藝文志一》著録，作《左傳測義》七十卷。王世貞《春秋左傳注評測義序》云："顧杜預之治《左氏》不必悉當，而諸家之翼之者又多散見錯雜，不可編究。凌以棟少習《春秋》，而於《左氏》尤稱精詣，中年以來，乃盡采諸家之合者而薈蕞之，發杜預之所不合者而鍼砭之，諸評隲左氏而嫩者皆臚列之，左氏之所錯出而不易考者，或名或字或謚或封號，咸寘之緘首，一開卷而得之。不唯左氏之精神、血脈不至闕索，而吾夫子之意十亦得八九矣。"②《四庫全書總目·春秋類存目一》著録，云："是書詮釋《左傳》，以

----

① （明）王世貞《弇洲四部稿·續稿》卷二百四《書牘·凌際叔》。
② （明）王世貞《弇洲四部稿·續稿》卷五十二。

杜預《注》爲宗，而博采諸説增益之。其於《左氏》之不合者，亦間有辨正，又取世次、姓氏、地名、謚號、封爵標於卷首，以便檢閲，然皆冗碎不足觀。"

4.《五車韻瑞》一百六十卷

按：存。附《洪武正韻》一卷。有明萬曆金閶葉瑶池刻本，十行二十字，白口，左右雙邊。後又有明致和堂刻本、文盛堂刻本、文茂堂刻本。《明史》卷九十八《藝文志三》著録，《四庫全書總目·子部類書類存目二》著録，云："是編因《韻府群玉》而稍變其體例，每韻之下，先列小篆一字，然後隨韻隸事。其排纂之序：曰經，曰史，曰子，曰集，曰雜。又以賦頌歌詩之類分體標名，綴列於後。其曰雜者，蓋仙經、佛典之言。考梁阮孝緒作《七録》，以釋道別爲門目，不入子家。稚隆區而別之，猶爲有説。至賦頌歌詩諸體，本皆集部之文，而別立諸名，殊無義例。昔陰氏《韻府群玉》，前人病其龐雜無倫。然其時去宋未遠，多見舊本。故朱彝尊跋其書，尚以所引杜詩'老去詩篇渾漫與'句爲足資考證。稚隆此書，名爲廣所未備，而舛謬彌滋。且往往杜撰增添，非本書所有。如《平淮西碑》下引《舊唐史》一條，並載入'千載斷碑人膾炙，不知世有段文昌'二句。此二句乃宋人之語，爲蔡京改撰《儲祥觀碑》而作，《舊唐書》實無此文。如云別一《舊唐史》，則唐宋以來著録者實無此目。如斯之類，觸處皆然，又出陰氏書下。謝肇淛序乃謂《韻府群玉》爲耳食，獨盛推此編，可謂曲阿所好矣。"提要所評不免苛刻，實則清修《佩文韻府》多取材於此書。

5.《史記纂》二十四卷

按：存。明萬曆七年（1579）自刻朱墨套印本，九行十九字，白口，四周單邊。二十四卷，國家圖書館等藏。據《中國古籍善本書目》，又有九行二十字者，不分卷，上海圖書館等藏。是書擇取《史記》之精華而成，王世貞序云："以楝有憂之，是故叙而畧於辭、辭而寡於法者弗敢纂也，所褒讚而非其精神之渙發者弗敢纂也，所提指而非其關節眼骨照應步驟者弗敢纂也。斯纂也，令衿裾之士稍能習佔畢，握鉛槧者獲一寓耳目焉，不待顱探而法燦然備矣，機躍然若有入矣，是故《史記纂》行而治太史公者固不必皆貴近有力也。"①

6.《漢書纂》八卷

按：存。萬曆十一年刻本，九行二十字，上下單邊，左右雙邊，白口，單魚尾，不分卷，北京大學圖書館等藏。又有《漢書纂》二十二卷附《仁》、《義》、《禮》、《智》各一卷，無錫市圖書館、景德鎮圖書館藏。此書體例應與上《史記纂》相同，爲《漢書》之節本。

7.《皇明名臣言行錄》

按：存。今有《金陵新鐫皇明史館名公經世宏辭》十四集十四卷，題明施潔、凌稚隆輯，明萬曆刻本，十行二十字，白口，四周單邊，

---

① （明）王世貞《史記纂序》,《弇洲四部稿・續稿》卷四十二。

蓋即此所謂《皇明名臣言行錄》,清華大學圖書館藏。又有《新鐫增訂皇明史館名公經世宏辭》十四集十四卷,明施澯、凌稚隆輯,項鳴秋增訂,明萬曆刻本,十行二十四字,白口,四周單邊,武漢大學圖書館藏。

8.《春秋評林》

按:未見。

9.《文選評林》

按:未見。以上二種與《史》、《漢》、《左》之評林成一系列,或係未成之稿,後未刻行。

10.《三才統志》

按:未見。據范應期《傳》,凌氏曾輯有此書,然未成而卒。

11.《史漢異同補評》三十二卷

按:南京圖書館等藏有《史漢異同補評》三十二卷,萬曆刻本,九行十九字,小字單行同,白口左右雙邊。《晟舍鎮志·著述》作《倪思史漢異同補評》,系于凌濛初下,或係凌氏兄弟合著①。

---

① 凌氏兄弟友于情深,切蹉琢磨,合著、合輯亦有可能。即如《史漢評林》,《晟舍鎮志》卷六《著述》即分別著錄於二人之下。

12.《史記短長説》二卷

按：國家圖書館等藏有《史記短長説》二卷，《海山仙館叢書》本，題“凌迪知撰，凌稚隆訂正”。又此書一作王世貞撰，未詳。

13.《道德經注》二卷（批點）

按：清華大學圖書館等藏有《道德經注》二卷附《老子考異》一卷，宋蘇轍注，明凌以棟批點，明刻套印本。前有明李贄序，文中以朱色套印凌氏批點手跡。此書之成，可能亦受其父影響。乾隆《烏程縣志·人物·凌約言》：“優游林泉，好養生家言，日誦《老子》‘專氣致柔’章。晚又逃禪，自號净因居士。”王世貞《鳳笙閣簡鈔序》亦云：“尤精二氏學。”①

14.《吕氏春秋》二十六卷（批點）

按：國家圖書館等藏有《吕氏春秋》二十六卷，題宋陸游評、明天目逸侣氏凌稚隆批，九行十八字，白口，四周單邊，明萬曆四十八年凌毓枬刻朱墨套印本。

15.《晏子春秋》六卷（批點）

國家圖書館等藏有《晏子春秋》六卷《目録》一卷，八行十八字，

① 《晟舍鎮志》卷六《著述》“《鳳笙閣簡鈔》”條引。

小字雙行同。四周單邊，白口，無魚尾。有凌稚隆評，明萬曆凌澄初（凌稚隆四子）朱墨套印本。

又南京圖書館等藏《丘瓊山先生大學衍義補贊英華》十八卷，題明凌遇知輯，明萬曆三年凌迪知刻，十行二十一字，白口，左右雙邊。（乾隆《烏程縣志》卷十四《經籍志》云凌迪知輯，《晟舍鎮志》卷六《著述》亦作凌迪知纂。）

又據范應期《傳》，凌氏曾輯有《文林綺繡》。按：今存《文林綺繡》五種五十九卷，明凌迪知編，明萬曆四年至五年凌氏桂芝館刻本，八行十七字，白口，左右雙邊，國家圖書館等藏。范《傳》或有誤，然亦不排除凌氏兄弟共輯之可能。

又《明史》卷九十九《藝文志四》著錄有凌稚隆《名公翰藻》五十二卷。按：《千頃堂書目》卷三十一《總集類》著錄有《名公翰藻》五十二卷，亦作凌稚隆撰，《浙江通志》卷二百五十二經籍十二·集部五·啓劄，著錄有《名公翰藻》五十二卷，注云："黃氏《書目》：凌稚隆著"。乾隆《烏程縣志》卷十四《經籍志》亦據《明史藝文志》，云凌稚隆著有《名公翰藻》五十二卷。考《四庫全書總目》卷一百九十二集部四十五·總集類存目二著錄有《名公翰藻》五十卷，提要云："浙江汪啓淑家藏本。明凌迪知編。迪知有《左國腴詞》已著錄。此集錄有明一代書牘，意取博收，而冗雜特甚。"今存《國朝名公翰藻》五十二卷《氏名爵里》一卷，題"凌迪知輯"（卷五十二爲明余中元輯），九行二十字，白口，四周單邊，版心有刻工姓名，南京圖書館等藏。《明史》、《浙江通志》等皆同沿《千頃堂書目》之誤。《晟舍鎮志·著述》即次于凌迪知下，識語云："《縣志》作稚隆輯，誤。"

第三節　《史記評林》的版本及館藏

　　《史記評林》問世距今已四百餘年，但現在存世尚較多，各大圖書館多有收藏，應該是當時因市場需求較大，印數較多的緣故。今據《中國古籍善本書目》及各大圖書館館藏善本書目略列如下：

　　《史記評林》一百三十卷，明凌稚隆輯，明萬曆二年至四年自刻本，十行，十九字，小字雙行同，白口，左右雙邊，有刻工。館藏單位：北京大學圖書館、南京圖書館、中國科學院圖書館、上海圖書館等館。

　　又，國家圖書館另藏有清管廷芬跋，並録錢泰吉校跋本，卷七十四至一百四配另一明刻本。啓東市圖書館藏有清沈大成跋，並録明歸有光評點本。上海圖書館藏有清錢泰吉校並跋本、清莫友芝跋並録錢泰吉校跋本、清周學濬臨錢泰吉校本（有抄配）。天津圖書館藏有清徐時棟批校本。又，上海辭書出版社圖書館藏有《史記評林》一百三十卷，云明萬曆二年至四年自刻本，清蕭夢松題評，十行十九、二十三字，白口，左右雙邊，有刻工。未詳。①

　　此外，又有明末翰墨林刻本，邵陽學院圖書館藏。明末勉耕堂刻本，四川師範大學圖書館藏。清同治十三年（1874）長沙養翿書屋校刻本，又有清光緒十七年（1891）校刻本，國家圖書館等藏。清光緒十年（1884）湖南劉鴻年翻刻本，"於原本《史》文及注譌脱之處，有所補正"②。

---

①　凌氏家刻本小字雙行同，十九字。柯本小字二十三字，未見，俟考。
②　賀次君《史記書録》，170 頁。

又有《史記評林》一百三十卷，明凌稚隆輯，黃長吉重編，明末刻本，九行，二十字，上下單邊，左右雙邊，白口。館藏單位：浙江圖書館、河南省圖書館、重慶市圖書館、四川西華師範大學圖書館。《史記評林》一百三十卷，明凌稚隆、陳子龍輯評，明萬曆致和堂刻本，九行，二十字，小字雙行同，白口，左右雙邊。湖南省圖書館藏。

凌氏家刻本甫一面世，立刻風靡，於是福建晉江李光縉又有增補本，乃影刻凌氏本，同時於上欄評林部分補充近人評論，史按部分也略有補充，以加圈"增"字標明，如《五帝本紀》"生而神靈，弱而能言"上欄增"《抱朴子》曰黃帝生而能言"云云，同時有李光縉自評者，以"光縉曰"標明，如《五帝本紀》"修五禮、五玉、三帛、二生、一死爲摯"，上欄增"光縉曰：考之《書傳》，則'五玉三帛二生一死爲贄'此十字當在'遂見東方君長'之下"云云。

1.《史記評林》一百三十卷，明凌稚隆輯，李光縉增補，明熊氏種德堂刻本。十行十九字，白口，四周單邊，單魚尾。此本校勘較差，時有誤刻。館藏單位：上海圖書館、南京師範大學圖書館、安徽師範大學圖書館、廣東省中山圖書館。又，上海圖書館另藏有清張文虎、唐仁壽校本，爲金陵書局本校本之一。

2.《史記評林》一百三十卷，明凌稚隆輯，李光縉增補，明建陽熊體忠、劉朝箴刻本。十行，十九字，小字雙行同，白口，四周單邊。館藏單位：吉林省社會科學院圖書館、陝西省師範大學、南京大學圖書館、福建省圖書館、廣西壯族自治區圖書館。

3.《史記評林》一百三十卷，明凌稚隆輯，李光縉增補，明熊氏宏遠堂刻本。九行十九字，小字雙行，白口，四周單邊，間有左右雙邊。館藏單位：中國人民大學圖書館、遼寧省圖書館、吉林大學圖書館、牡丹江師範學院圖書館、安徽省圖書館、河南省圖書館、重慶市圖書館。

4.《史記評林》一百三十卷,明凌稚隆輯,李光縉增補。明雲林立本堂刻本,十行,十九字,小字雙行同,白口,黑單魚尾,左右雙邊。館藏單位：北京大學圖書館、清華大學圖書館、中國社會科學院考古研究所、南通市圖書館、泰州市圖書館、福建省蒲城縣文化館圖書室、湖南省邵陽市圖書館、湖南省邵陽師範學校圖書館、湖南省哲學社會科學研究所。

而在日本,《史記評林》的翻刻本、增補本則更多,今據張興吉《元刻史記彭寅翁本研究》所附《史記版本存世目錄》,稍加整理,略次如下：

1. 日本寬永十三年(1636)《史記評林》 京都八尾助左衛門初刻本

半頁十行,行十九字；注雙行十九字。無界。四周雙邊,白口,單魚尾,魚尾上題"史記卷一",魚尾下題"五帝本紀",其下題本卷頁碼。上欄鐫有諸家評語,行7字。

2. 日本寬文十二、十三年(1672、1673)《新刊校正史記評林》京都積德堂刊本(又名紅屋初刻本)

半頁十二行,行二十二字；注雙行二十二字。有界。白口,單魚尾,魚尾上題"史記卷一",魚尾下題"五帝本紀",其下題本卷頁碼。上欄鐫有諸家評語,行七字。

又有延寶二年修刊本。

3. 日本延寶二年(1674)《新版考正史記評林》 八尾甚四郎(友春)刊本(又名八尾再刻,延寶本)

半頁十二行,行十九字；注雙行十九字。無界。白口,單魚尾,魚尾上題"史記卷一",魚尾下題"五帝本紀",其下題本卷頁碼,再下陰刻"八尾友春"。上欄鐫有諸家評語,行七字。

4. 日本明和七年(1770)《校正再版史記評林》　京都世裕堂據寬文十三年本重刊本(又名紅屋再刻、明和本)

半頁十二行,行二十四字;注雙行二十四字。有界。白口,單魚尾,魚尾上題"史記卷一",魚尾下題"五帝本紀",其下題本卷頁碼。上欄鐫有諸家評語,行五字。

又有大阪河內屋柳原喜兵衛等天明九年重印本。

5. 日本元文元年(1736)京都錢屋莊兵衛刊本

6. 日本天明六年(1786)《新刻校正史記評林》據寬永本覆刊本(又名八尾再刻、天明本)

7. 日本天明九年(1789)《校正再版史記評林》　大阪浪華書林柳原喜兵衛等據明和七年京都世裕堂刊本重印本

8. 日本明治二年(1869)《增補史記評林》　田中篤實、關利器校點,鶴牧藩水野永順修來館刊,東京玉山堂山城屋佐兵衛發行

半頁十一行,行十九字,注雙行二十四字。有界。白口,單魚尾,魚尾上題"增訂史記評林",魚尾下題"卷一五帝本紀",其下題本卷頁碼。版心最下題"修來館藏",上欄鐫有諸家評語,行七字。

9. 明治十二年(1879)渡邊約郎校點,東京鱸亮平鉛印本

10. 日本明治十二、十三年(1879、1880)《校字史記評林》　奧田遵校訂,東京別所平七刊本

11. 日本明治十四年(1881)《增訂史記評林》　大鄉穆、伊地知貞馨校點,修道館排印本

12. 日本明治十四年(1881)《明治新刻史記評林》　鈴木義宗校訂,東京印刷會社鉛印本

13. 日本明治十四年(1881)《校訂史記評林》　藤澤恒(南嶽)校點、音訓，大阪岡島幸治郎(真七)等銅版印本，浪華同盟書樓藏版

14. 日本明治十五、十六年(1882、1883)《增補史記評林》　石川英輔(鴻齋)校點，鳳文館銅版印本

半頁十三行，行二十四字，注雙行三十六字。有界。白口，單魚尾，魚尾下題"卷一 五帝本紀"，其下題本卷頁碼。版心最下題"鳳文館藏"，上欄鐫有諸家評語。

15. 日本明治十八年(1885)《補標史記評林》　有井范平補標，東京報告堂大野堯運鉛印本

16. 日本明治二十年(1887)《補標史記評林》　有井范平補標，東京九春堂鉛印本

17. 日本明治二十四年(1891)《增補評點史記評林》　石川英輔(鴻齋)輯補，岩谷六、岡鹿門校訂，東京三松堂、松榮堂據鳳文館銅版印本校正重印本

18. 日本明治二十五年(1892)修文館重印奧田遵校訂本

19. 日本明治三十二年(1899)東京嵩山堂據明治二年(1869)鶴牧藩修來館本重印本

朝鮮也有數種《史記評林》，如清嘉慶年間活字版，十行，十九字，注雙行，四周雙邊，版心上下花紋魚尾，日本宮內廳書陵部藏，又韓國奎章閣藏(殘本)；又有清刻本數種，具體出版年代不詳，奎章閣等藏。

綜上，《史記評林》能夠在不長的時間内翻刻數次，影響遠播海外，可見明、清學人對它的喜愛，也説明《評林》本有其巨大的存在價值，客觀上能夠了滿足社會的需求。

第四節　《史記評林》的輯印

《史記評林凡例》識語："隆自弱冠，讀先大夫《史記抄》旦且夕焉，而恨其未備也，嘗博蒐羣籍，凡發明馬《史》者，輒標識於別額，積草青箱，非一日矣。乃伯兄稚哲友人金子魯來自國門，獲所錄諸名家批評總總焉，私竊豔之，而雲間張玄超持所纂《發微》者造余廬而印證也，已復負笈大方，益羅史家所珍秘者匯之，而斐然成帙矣，則爲嗜古者相假貸無甯居焉。古歙汪氏、維揚張氏咸稱好事，遂各捐貲付梓，肇於萬曆甲戌，迄於今丙子冬，編摩歲月，形勞神悴，聊以償疇昔之志，若見聞阻狹，掛一漏萬，則以俟多識君子。金子魯名學曾，張玄超名之象，先大夫諱約言，伯兄名迪知，併書以志本始云。"

茅坤《刻史記評林序》："予鄉凌君以棟，少隨其父尚書郎藻泉公讀諸家之評，輒自喜，稍稍日鐫而夕次之，不特舊所刻《索隱》、《正義》與韋昭、裴駰、服虔、杜預、王肅、賈逵、徐廣輩所注而已也，國朝宋文憲而下，名儒碩卿騷人處士，苟其一言一字之似迂疏荒謬若予者，無不蒐羅而摽引之，甚且以太史公所本者《左氏》、《國語》、《戰國策》及《吳越》、《楚漢》、《呂不韋春秋》也，而載之未詳者，君並詳之；後太史公而《越絕》、《說苑》、《新序》、《論衡》，與夫《韓詩外傳》、《風俗》、《白虎》二通之書，所可參互者，君又撮而系之；下之唐宋諸賢之文與《地理指掌圖》等書，苟其可以相折衷處，君皆爲之發櫛而緝貫焉，可謂勤矣。"

閔寶梁《晟舍鎮志·著述》"凌約言《史記評鈔》"條引凌鳴喈重刊序云"先藻泉公輯《史記評鈔》，于司馬氏之學博綜條貫，惟恐闕遺,首録《短長説》一册。後繹泉、藻泉二公更廣蒐群籍,集其大成爲《評林》一書"。

由上述材料,不難得出以下幾點結論:

一、凌稚隆編撰此書,受到了家庭的影響。凌氏先世代有聞人,後雖衰敗,而書香不輟。父凌約言"獨推史遷氏,非陽浮慕之,要有以心得者"①。曾纂《史記評鈔》,輯録前人評論,但稚隆認爲此書尚未爲完備,決心"追本世業,以成先志"②,遂發心蒐輯,終輯成《評林》一百三十卷。此與司馬遷承其先志撰《史記》有異曲同工之處。又其長兄凌迪知亦彬彬有文,於經史百氏多有撰著(見前),二人所撰之書,多有合作及互相啓發者。徐中行《史記評林序》即云:"吴興凌以棟之爲《評林》何爲哉? 蓋以司馬成名史,而必推本乎世業。凌氏以史學顯著,自季默有概矣,加以伯子稚哲所録,殊致而未同歸。以棟按其義,以成先志,集之若林,而附于司馬之後。"書香門第、家學淵源,加之地區氛圍,凌稚隆成長於斯,耳濡目染,輯印《評林》,也是水到渠成之事。

二、《史記評林》的成書,也受時代風氣影響。繼宋倪思《史藻異同》後,明代中期已經出現不少批評《史記》的專著,如楊慎《史記題評》、唐順之《史記批選》、柯維騏《史記考要》等,深受當時知識階層之歡迎。但此數種,多録一人之意見,難免有片面之處,而《評林》則推而廣之,匯輯歷代數百人之品評,雖不免蕪之譏,但内容豐富、勝義紛陳,讀者可籍一書而觀諸家之説,使用甚便,正如王世貞所謂"一發簡而瞭如指掌,又林然若列瑰寶於肆而探之也",其意義

---

① (明)王世貞《南京刑部郎進朝列大夫藻泉凌君墓表》,《弇州四部稿》卷九十四。

② 光緒《烏程縣志》卷十四《凌稚隆傳》。

遠勝過前列諸書。加之其後凌氏《漢書評林》、《春秋左氏傳注評測義》(一作《春秋左氏傳評林》)及陳仁錫《陳太史評閱史記》(亦名《史記評林》)、葉向高、李廷機《新刻李太史釋注左傳三注旁訓評林》、焦竑《新鐫百家評林國語全編》、焦竑、李廷機《史記萃寶評林》、《兩漢萃寶評林》等以史書爲中心,以"評林"爲名的評點本書籍大量湧現,也引發了明末通俗文學評點本的興盛。

三、凌稚隆《評林》所輯材料源自多種渠道,主要有三:一爲其父凌約言歷年所録,欲作《史記評鈔》而惜未能成者,二爲自己多年遍覽羣書,辛苦搜輯所得,此外還有金學曾"所録諸名家批評總總",以及張之象《史記發微》之部分内容,可謂集思廣益,終於輯成《史記評林》這樣集大成的著作。若僅憑一人之力,此書或難以如此完備,至少其問世會更遲。

四、凌稚隆編撰《評林》之歷時甚久,用力甚勤。凌稚隆長兄迪知生於 1529 年,稚隆若小長兄十歲,當生於 1539 年左右,他自弱冠時即搜集資料,則此書輯纂之始當在 1559 年左右。至萬曆二年甲戌(1574),此書輯録完成付刻,萬曆四年丙子冬方成書,前後歷時至少有十五年之久,可謂"十年磨一劍"。

五、《評林》刊刻中,受到古歙汪氏、維揚張氏的經濟資助。汪氏或是汪道崑。王世貞《鳳笙閣簡鈔序》:"余友人濟南李攀龍、歙縣汪道崑、吴都俞允文皆以尺牘名,今併凌公四矣。"汪道昆(1525—1593),安徽歙縣人,字伯玉,號太函、南源,嘉靖二十六年進士,曾官義烏知縣。維揚張子待考。凌氏雖是刻書世家,但《史記評林》卷帙繁富,刻印成本較高,汪、張二人出貲助刊,終於促成了此書的早日面世。

六、《評林》對於閱讀、研究《史記》具有重要的參考價值,迎合了當時知識界需要，深受歡迎。正如胡世安《明大儒徹侯公傳》所云："予少時嘗讀子長、孟堅書，最喜吳興凌以棟《評林》，旁通諸家，訂譌索奧，探逸典於酉陽，訪遺編於汲郡，評隲詳贍而句讀精嚴，前此未之有也。其爲二家忠臣，不啻師古顏氏。"（凌士麟《凌氏宗譜》）所以此書尚未面世，前來借閱傳抄者便絡繹不絕。所謂"嗜古者相假貸無甯居焉"（《史記評林凡例》附《識語》），出版後大受歡迎，"自《史記評林》成，而學士大夫好其書者麕集於際叔之門"（王世貞《漢書評林叙》），此後短時間便重版、翻刻數次，亦可見當時研讀《史記》風氣之盛。

第五節　《史記評林》的内容與體例

"史記評林"，顧名思義，是將有關《史記》的評論"集之如林"，匯成一書。《識語》所謂"博蒐羣籍，凡發明馬《史》者，輒標識於別額"。王世貞《史記評林序》所言更詳："以棟之爲《史記》也，其言則自注釋以至贊隲，其人則自漢以及嘉、隆，無所不附載，而時時旁引它子史，以己意撮其勝而爲之宣明，蓋一發簡而瞭然若指掌，又林然若列瓌寶於肆而探之也。"

具體内容：正文前有卷首一卷，首王世貞《史記評林叙》，次萬曆四年丙子冬十二月朔茅坤《刻史記評林序》，次萬曆五年歲丁丑八月之吉賜進士出身中奉大夫江西布政使司右布政使天目徐中行《史記評林序》，次司馬貞《史記索隱序》，次張守節《史記索隱後序》，次張守節《補史記序》，次張守節《史記正義序》，次裴駰《史記集解序》，次張守節《史記正義論例》，次張守節《史記正義諡法解》，次張守節《史記正義列國分野》,次《三皇五帝譜系》、《夏譜系圖》、《商譜系圖》、《周譜系圖》、《秦譜系圖》、《漢世系圖》、《五帝國都地理圖》、《夏商國都地理圖》、《周國都地理圖》、《秦六國都地理圖》、《漢國都地理圖》,次《史記評林凡例》十八則(末附凌氏識語),次《史記評林姓氏》,次《史記評林引用書目》,次《讀史總評》,次《補史記三皇本紀》,次《史記評林目錄》。次《史記》正文。

《史記》正文部分,分上下二欄,下欄爲正文,半頁十行,行十九字,小字雙行同。上欄爲評林,"史評"之類行七字,"史按"之類低一字,行六字。

凌氏之書名爲"評林",重在其輯録的評論,而這又分三種:

一是所謂"讀史總評",即前人有關《史記》的概述。對於散見諸書的"諸名家讀史總評",凌氏將其輯録在書前,總稱"讀史總評",所謂"輯録於前,一展卷可得大旨"(凌稚隆《史記評林凡例》),計有鄭樵、黽無咎、蘇洵、蘇轍、葉盛、李清臣、吕祖謙、黄震、李塗、秦觀、林駉、黄履翁、馬子才、陳傅良、洪邁、王懋、王鏊、鄭一鵬、黄佐、王維楨、何孟春、凌約言、茅坤、王維楨、王世貞,凡二十五人。即如第一則,鄭樵一段:

　　仲尼既没,諸子百家興焉,各效《論語》,以空言著書,至於歷代實跡,無所統系。迨漢建元、元封之後,司馬氏父子出焉,世司典籍,工於製作,故能上稽仲尼之意,會《詩》、《書》、《左傳》、《國語》、《世本》、《戰國策》、《楚漢春秋》之言,通黄帝、堯、舜至於秦、漢之世,勒成一書,分爲五體:本紀紀年,世家傳代,表以正曆,書以類事,傳以著人,使百代而下,史記不能易其法,學者不能捨其書。六經之後,惟有此作。故謂"周公五百歲而有孔子,孔子五百歲而在斯乎?"是其所以自待者已不淺。然大著述者,必深於博雅,而盡見天下之書,然後無遺恨。當遷之時,挾書之律初除,得書之路未廣,亘三千之史籍而跼蹐於七八種書,所可以遷恨者,博不足也。

概述了司馬遷《史記》的成書背景、體例,對《史記》作出了高度評價,也指出了其不足之處,言簡意賅,對初學者很有啓發。

二是總論《史記》各篇内容的,凌氏將其輯録在各卷卷首或卷尾。所謂"間有總論一篇大旨者,録於篇之首尾,事提其要,文鈎其玄,庶其大備耳"(凌稚隆《史記評林凡例》)。如《五帝本紀》卷首輯録柯維騏評論兩段,考證了"五帝"的其他幾種説法,認爲"竊謂皆不如太史公之説爲有徵耳",又考證了黄帝、炎帝的相關傳説,可作讀者參考之用。卷末輯録吳澄評論一段,分析本卷讚語的内容和微言大義,對學爲文章者應不無裨益。同時,凌氏認爲蘇轍《古史》爲"《史記》之羽翼",吕祖謙《十七史詳節》將其列在太史公讚後,與《索隱述讚》並列,凌氏則視各卷情況,或抄《十七史詳節》,或列《古史》于《索隱述讚》之後。

三是上述二種之外,針對《史記》某一事件、某一人物、某一字句的微觀評論,"凡有發明《史記》者,各視本文,標揭其上"(凌稚隆《史記評林凡例》),即録於上欄。據卷首《史記評林引用書目》,《史記》選本、評本有楊慎《史記題評》、柯維騏《史記考要》、唐順之《史記選要》、余有丁《監本史記》、王鏊《史記評抄》、陳沂《史記評抄》、何孟春《史記評抄》、王韋《史記評抄》、茅瓚《史記評抄》、董份《史記評抄》、凌約言《史記評抄》、王維楨《史記評抄》、茅坤《史記評抄》、張之象《史記發微抄》、王慎中《史記評抄》等,綜合性史學評論著作有衛颯《史要》、劉知幾《史通》、蘇轍《古史》、呂祖謙《十七史詳節》、倪思《史漢異同》、楊維楨《史鉞》、《史義拾遺》、丘濬《世史正綱》、邵寶《日格子學史》、《史綱辨疑》、《三史文類》等，總集與文章選本有《文翰大成》、《文苑英華》、《文章辨體》、《文章正宗》、《文編》、《雜編抄》、《崇文古訣》、《文章精義》、《文髓》、《古文類抄》、《文章關鍵》、《妙絶古今》、《唐文粹》、《唐宋名賢確論》、《宋文鑑》、《皇明文衡》、《皇明文範》、《皇明文則》等，此外還有韓愈《韓昌黎集》、柳宗元《柳柳州集》以下唐、宋、元、明各別集、葛洪《西京雜記》等筆記、札記，作者包括魏陸機以下二百餘人。像《五帝本紀》，就先後輯録了唐順之、楊慎、張之象、王維楨、王世貞、王鏊、歐陽修、柯維騏、何良俊、余有丁、何孟春、王安石、李商隱、楊循吉、周洪謨、孫明復、邵經邦、陳子桱、凌約言、黄震等二十人評論四十六條，所采擇的，除了專書外，還有一些單篇文章，可謂細大不捐，琳琅滿目。

第六節　《史記評林》的上欄和旁注

1.《史記評林》的上欄

　　《評林》本的上欄，除了輯録有前人“史評”（詳上文），還有大量的“史按”内容。所謂“史按”，一是指輯録相關典籍，所謂“時時旁引它子史”，二是發表自己觀點，所謂“以己意撮其勝而爲之宣明”，既有相關的考證，也有關於《史記》文筆、書法、篇章結構的評論，所謂“篇中綱領節目關鍵，諸家未評者，兹僭揭於上，亦曰‘按’云”，都用按語的形式呈現。而就輯録相關典籍來説，又有兩種，一是將司馬遷撰寫《史記》時採用的經典相關內容輯録出來，以作參考。
"《史記》原引《詩》、《書》、《左傳》、《國語》、《世本》、《戰國策》、《吕氏
春秋》、《楚漢春秋》諸書，間有撮其要而未及詳者，兹併録全文於
上，名之曰'按'，仍下一字以别之。"（凌稚隆《史記評林凡例》）即
《史記》援引史書記事簡略之處，凌氏依據原書進行增補。二是將
與《史記》記載相關的其他典籍（主要是同時代或稍後的著作）輯録
出來，以備參證。"百氏之書，如《風俗通》、《白虎通》、《越絶書》、
《説苑》、《新序》、《論衡》、《韓詩外傳》等，類與《史記》互相發明，兹
擇其切要者，録之於上，以備考證，亦名曰按云。"（凌稚隆《史記評
林凡例》）引徵百家之書，對《史記》記事進行印證和闡發，對學者而
言，既可詳參其事實，又可考見其異同，甚是便利。

　　上欄除輯録大量的"史評"與"史按"，也録有凌氏個人的見解，
雖然有時未免偏陋，但多數言之有物，可略窺明代研究《史記》水準
之一斑。其中有闡述《史記》書法的，如《平準書》"當是時，漢通西
南夷道，作者數萬人"，上欄："按書中連曰'數萬人'、'十萬餘人'、
'六十餘萬人'，又連曰'賜黄金二十餘萬斤'、'五十萬金'、'百餘巨
萬'、'以巨萬計'、'以億萬計'、'不可勝數'之類，皆以著其勞民傷
財之實也。"《齊太公世家》"及桓公來而襄公復通焉"一節上欄：
"按：隱事悉書，重綱常也。""是歲，晉殺太子申生"上欄："按：書殺
太子申生，罪晉也。"《衛康叔世家》"成侯十一年，公孫鞅入秦"，上
欄："按公孫鞅入衛特書，以衛之亡在鞅也。"（按，"入衛"當作"入
秦"。）於史公筆法皆有較好發明，有助於初學者理解。

　　有品評歷史人物的，如《高祖本紀》"嗟乎，大丈夫當如此也"上
欄："按高祖觀秦帝之言，較之項羽曰：'彼可取而代也'，氣象自是
迥别。"《孫吴列傳》"故楚之貴戚盡欲害吴起"上欄："按吴起在衛，

則鄉黨謗之,事魯則魯君疑之,將齊則公叔害之,相楚則貴戚射刺之,豈其所遭然哉?觀太史公首著其殺妻一節,與魯人惡起者言,則起猜忌之性,所如不合,不足怪也。"卷末上欄:"按:孫、吳正所謂能言之者,未必能行之也。"皆可加深對人物的認識。

有評論句法、文法的,如《吳太伯世家》"美哉!思而不懼,其周之東乎?"上欄:"按:'哉'字凡十五用,而參差有法。"《管蔡世家》"楚平王初立,欲親諸侯,故復立陳、蔡後"上欄:"按此前直叙,復用二'故'字覆轉。文法曲折變化處。"《陳杞世家》"徵舒自立爲陳侯"上欄:"按先直叙夏姬、徵舒事,而後以'故陳大夫'、'御叔之妻'二句實之,此倒叙法。"《封禪書》"於是上絀偃、霸而盡罷諸儒不用"上欄:"按'上絀'句與始皇絀儒生博士相應。""江淮間一茅三脊"上欄:"按此'一茅三脊'與管仲言'一茅三脊'相應。""於是上欣然庶幾遇之"上欄:"按'庶幾遇'句與'始皇冀遇二神山'句相應。"《河渠書》"作昆明池"上欄:"作昆明池詳見《封禪書》。"此類評論分析迎合了明代士子科程作文的需要,書中甚多。

有進行文字訓釋的,如《樂書》"丞相李斯進諫曰:'放棄詩書,極意聲色,祖伊所以懼也。'"上欄有凌氏按語:"按李斯既導秦焚書矣,此又以放棄詩書爲懼乎?抑其所指'詩書'乃刻石刑名之類也。"《封禪書》"宿留海上"上欄:"按宿音秀,留音溜。宿溜謂有所須待,又濡滯也。"《河渠書》"岸善崩"上欄:"按《詩》云'女子善懷',善猶多也。"《魯周公世家》"言乃讙"上欄:"按'讙'《尚書》作'雍',言和順當理也。"《蘇秦列傳》"臣聞饑人所以饑而不食烏喙者,爲其愈充腹而與餓死同患也。"上欄:"按愈即病愈之愈,謂能愈饑病也。"皆於三家注未及處進行補充訓釋,亦不無裨益。

有辨證三家注的,如《孟嘗君列傳》"勿舉也,其母竊舉生之。"

《索隱》“上舉謂初誕而舉之，下舉謂浴而乳之。”上欄：“按二‘舉’字恐無異義。”“欲以遺所不知何人”《索隱》：“遺音唯季反。猶言不知欲遺與何人也。”上欄：“按《索隱》注謬。”《范睢蔡澤列傳》“馬服子代廉頗將”《索隱》：“馬服子，趙括之號也。”上欄：“按馬服君之子，故曰‘馬服子’，而《索隱》注曰‘趙括之號’，非也。”《扁鵲倉公列傳》“更受師同郡元里公乘陽慶”《正義》：“《百官表》：公乘，第八爵也。顏師古云：言其得乘公之車也。”上欄：“按公乘，官名。陽慶，人名。”

有校讀史文的，如《秦始皇本紀》“初一泰平”，上欄：“按‘泰平’疑是‘泰宇’方叶韻。”“諸侯不敢懷”，上欄：“按‘懷’《荀》作‘壞’，謂不敢挑祖廟也。《史》誤。”《封禪書》“置酒壽宮神君”，上欄：“按‘置酒壽宮’《武帝紀》無‘酒’字爲當。”“復朔旦、冬至”，上欄：“按‘復’《武紀》作‘得’爲當。”“至東太山，太山卑小”，上欄：“按下句‘太山’上宜有一‘東’字。”《平準書》“留蹛無所食”，上欄：“按‘留蹛’疑有闕文。”《齊太公世家》“成請老於崔杼，崔杼許之”，上欄：“按上‘崔杼’當作‘崔氏’。”《宋微子世家》“及祖伊以周西伯昌之修德，滅阢阢國。”上欄：“按重一‘阢’字，疑衍。”（按：中華本止一“阢”字。）《儒林列傳》“蓋《尚書》滋多於是矣”《索隱》：“河圖乃有百篇耶”，上欄：“按注‘河圖’疑當作‘何圖’。”（按：中華本作“何圖”。）

亦有辨證史實的，如《管蔡世家》“宣公十七年卒，弟成公負芻立”上欄：“按負芻，宣公子。史作弟，誤。”《陳杞世家》“時孔子在陳”《索隱》：“凡經八年，何其久也”，上欄：“按《孔子世家》，凡再適陳，非居陳八年也。”

又有考證史文和三家注位置的，如《孝文本紀》“至高陵休止”《正義》“本名橫橋，架渭水上”上欄：“按此注當在‘渭橋’下，然所引

《三輔舊事》大略與下《索隱》注同。至於'留神象'，怪誕不經，何與于本文？叢塞於此。"《吳太伯世家》"大凡從太伯至壽夢十九世"《索隱》："自壽夢已下，始有其年，《春秋》唯記卒，計壽夢二年當成公七年。"上欄："按杜預注誤入於此。"《魯周公世家》"乃爲詩貽王"，上欄："按'乃爲詩'至'訓周公'十七字，宜在上文'我所以爲之若此'句下。"《滑稽列傳》"魏文侯時，西門豹爲鄴令"一段，上欄："按此當入勒入《循吏傳》。"

還有分析句讀的，如《封禪書》"二曰地主"，上欄："按觀書後有'天子至梁父，禮祠地主'之句，則此八神名，當在'主'字爲句矣。"《河渠書》"與濟汝淮泗會于楚西方則通渠漢水雲夢之野"，上欄："按'會'字句。'于楚'連下，即下文'于吳'、'于劉'、'于蜀'類也。"《燕世家》"已而啓人爲吏"上欄："凡'已而'俱屬下爲句。"《韓長孺列傳》"非初不勁，末力衰也"，上欄："按據此'末力衰'句，則上'極矢'、'末力'當爲句。"

凡此種種，可謂內容豐富，蔚爲大觀，對讀者理解《史記》文義，體會史公深意，辨證《史記》史實，俱有津筏之用。雖有的考證未必嚴謹準確，評析不免瑣屑蕪雜，但保存了凌氏父子兩代研究《史記》的心得，也可藉以考見明人研究《史記》的特點、趨向和水準。

2.《史記評林》的旁注

同時，《評林》本還注重分析《史記》筆法和篇章結構，在相關語句行間，用旁注的形式，以簡潔的語言標示出來，所謂"篇中虛實主客分合根枝，與夫提掇照應總結，及單辭賸語，批語所不能載者，悉注於傍"（凌稚隆《史記評林凡例》）。今以《項羽本紀》爲例：

有指出提頓之處的:"初起時年二十四",旁注"提"。"當是時,秦嘉已立景駒爲楚王",旁注"提"。

有指出某句爲追述之語的:"梁父即楚將項燕",旁注"追述"。

有指出交待次要人物的:"西聞陳嬰已下東陽",旁注"攙入"。"黥布、蒲將軍亦以兵屬焉",旁注"攙入"。

有指出某句爲伏筆的:"項氏世世爲楚將",旁注"伏案"。"陰以兵法部勒賓客及子弟",旁注"伏後以此不任用公"。"張良曰:'請往謂項伯,言沛公不敢背項王也。'"旁注:"伏後案"。"道遇齊使者高陵君顯",旁注"發後案"。

有指出某段照應上文的:"以此不任用公",旁注"應前以兵法部勒賓客"。"願伯具言之",旁注"應前"。"始楚懷王初封項籍爲魯公",旁注"大照應"。

有指出某句小結上文的:"才氣過人,雖吳中子弟皆已憚籍矣",旁注"結"。"以是知其能",旁注"結"。"於是衆聽其言,以兵屬項梁",旁注"結"。"此所謂河北之軍也",旁注"鎖束語"。

有指出某句承接上文的:"陳嬰爲楚上柱國,封五縣",旁注"接"。"數使使趣齊兵,欲與俱西",旁注"連"。

有指出略叙之處的:"素善留侯張良",旁注"略"。

有指出詳叙之處的:"秦時與臣游,項伯殺人,臣活之",旁注"詳"。"自陳以東傅海與齊王,睢陽以北至穀城與彭相國",旁注"詳"。

有指出描寫細緻處的:"長史欣恐,還走其軍,不敢出故道",旁注"細"。"沛公則置車騎,脱身獨騎",旁注"細"。"項王則受璧,置之坐上",旁注"細"。

有指出某句張本的:"乃請蘄獄掾曹咎書,抵櫟陽獄掾司馬欣",旁注:"爲後項王信任張本"。

　　有揭示叙事特點的：“是以項王信任之”，旁注“一事凡三見”。

　　有揭示語言妙處的：“又不肯竟學”，旁注“如在目前”。“一府中皆慴伏”，旁注“五用皆字”，“莫敢起”，旁注“四用莫敢字”。

　　有總評藝術特色的：“吾聞之周生”一段，旁注“絶佳”。

　　如此等等，皆能幫助讀者體會、領略太史公著文筆法之妙處。

　　又，旁注時用“主客”，指出本段主要人物和次要人物，如《陳丞相世家》“以安國侯王陵爲右丞相”旁注“客”，“陳平爲左丞相”旁注“主”。“吕太后乃徙平爲右丞相”旁注“主”，“以辟陽侯審食其爲左丞相”旁注“客”。

　　有用“抑揚”，提示史公褒貶互用寫法的，如《白起王翦列傳》“白起料敵合變，出奇無窮，聲震天下”，旁注“揚”，“然不能救患於應侯”，旁注“抑”。“當是時，翦爲宿將，始皇師之”，旁注“揚”。“然不能輔秦建德……”一段旁注“抑”。

　　有用“虚實”，指出概括描寫和具體叙寫的，如《淮陰侯列傳》“常從人寄食飲”，旁注“虚”，“常數從其下鄉南昌亭長寄食”，旁注“實”。《袁盎鼂錯列傳》“居家與閭里浮沉，相隨行鬬雞走狗”，旁注“虚”，“雒陽劇孟嘗過袁盎，盎善待之”，旁注“實”。

　　有時也在行間注音、標示異讀，如《殷本紀》“遇女鳩女房”，前“女”字旁注“女讀曰汝”。《封禪書》“祠汾陰脽丘”，旁注“脽音誰”。《河渠書》“因命曰”，旁注“音名”。《絳侯周勃世家》“介胄之士不拜”，旁注“音甲”。

　　也有提示古今字的，如《夏本紀》“致費於溝淢”，旁注：“古洫字。”《殷本紀》“得説於傅險中”旁注：“古岩字。”“箕子懼，乃詳狂爲奴，紂又囚之”旁注：“古佯字。”《吕太后本紀》“右襢”，旁注：“古袒字。”

還有提示互見的，如《齊太公世家》"六年春，晉使郤克於齊"，旁注："悉《晉世家》。"《魯周公世家》"二十九年，吳延陵季子使魯"，旁注："詳《吳世家》"。《晉世家》"乃說秦繆公曰"，旁注："見《秦本紀》。"《楚世家》"辱平王之墓"，旁注："詳見《子胥傳》。"《趙世家》"晉景公時"旁注："此處、《晉世家》互看。"同時又有指出史文兩處不同的：《廉頗藺相如列傳》"秦多與趙王寵臣郭開金"，旁注"與奢傳文異。"《李斯列傳》"二世上觀而見之，恐懼"，旁注："與《本紀》不合。"

若三家注有未及之處，凌氏也會作旁注以補充，如《呂太后本紀》"庚申旦，平陽侯窋行御史大夫事"，旁注："曹參子。""令平陽侯告衛尉，毋入相國產殿門"，旁注："恐其從中矯制爲亂。"《孝文本紀》"又使重服久臨"，旁注："衆哭曰臨。""以離重暑之數"，旁注："離音罹，遭也。"《曆書》"其後三苗服九黎之德"，旁注："惡德也。""年耆禪舜"，旁注："老者通稱。""申戒文祖云"，旁注："文德之祖廟。"《黥布列傳》"使人微驗淮南王"，旁注："不顯言其事曰微驗。"

也有校讀史文的，如《曆書》"而亦因秦滅六國"，旁注："'亦因'下疑有缺失。"《蕭相國世家》"常復挈挈得民和"旁注："當作'尚'是。"《淮陰侯列傳》"復疾戰"旁注："三字疑衍。"等等。

總之，上欄、旁注所列的相關材料，不但可幫助讀者理解史文、學習史公筆法，從中也可以考見歷代《史記》研究的概況，可謂一部特別的《史記》研究史料集，同時也可見凌稚隆自己《史記》研究的水準。

當然，毋庸諱言，限於學力，凌氏旁注、上欄中的按語，也有一些紕漏之處，如《淮陰侯列傳》"陳船欲渡臨晉"上欄："按《索隱》以陳舡爲地名繆甚"，考《索隱》"劉氏云陳船地名，在舊關之西，今之

朝邑。非也。案京兆有船司空縣，不名陳船。陳船者，陳列船艘，
欲渡河也”，已駁“陳船”爲地名，凌氏失察。又《萬石張叔列傳》“迫
近憚之”，上欄“按《漢書》改‘迫’作‘遠’，無意味矣”。考今本《漢
書》見作“迫”，凌氏所見《漢書》蓋誤本。又《酷吏列傳》“以湯爲無
害”，上欄：“按無害者猶言莫能破也。”考前“極知禹無害”有《索隱》
“蘇林云：言若無比也，蓋云其公平也”。黃本、柯本、凌本皆脱，凌
氏此因以意解之。

3.《史記評林》保存的異文材料

除了上述指出的品評文法、訓釋字義外，旁注中更有價值的，
是提供了大量的異文材料（上欄也有一些）。“《史記》舊本每相牴
牾，涉於兩是者，不敢妄爲改竄，悉依宋本，仍傍注‘一本某字作某
字’，以俟博古者訂之。”（《史記評林凡例》）這些異文材料，保留了
史文傳佈過程中的竄改情況，對於考察《史記》版本、校勘《史記》文
字都有重要的意義。就異文的類型而言，既包括《史記》各種版本
的異文（主要有三種表述方式，即一本作某、宋本作某、監本作某），
也包括與某些篇章相近的其他典籍中的異文，如與《漢書》的異文、
與《尚書》、《左傳》、《戰國策》的異文，《樂書》與《禮記·樂記》的異
文等。《史記》的異文材料，最早見於《史記集解》所録徐廣注中（如
《五帝本紀》“披山通道”，《索隱》：“徐廣曰：‘披，他本亦作陂’”），而
此後的諸版本，多未加以留心匯録，《史記評林》可以説是《十七史
校勘記·史記校勘記》和《四庫全書考證·史記考證》之前少有的
有意識地輯録異文的本子。
　　具體説來，首先，其中有些異文，可以據之校正今本之譌誤，如

《齊太公世家》"王祭不具，是以來責。"旁注："一本是作共。"（按當作：一本具作共），共、具字形相近，《左傳》："王祭不共"，此處"具"字應是"共"字之譌，當據改。

其次，有時凌本因無《史記》版本支持，未改底本之誤，但列出他書（他處）之異文，且加以判斷，後世殿本、金陵書局本、中華書局本等即據之校正了史文，如：《天官書》"國以静"，上欄："按《漢記》國作圜，是。"今中華本即作"圜"。又《封禪書》"置酒壽宫神君"，上欄"按置酒壽宫，《武帝紀》無酒字爲當。"今中華本即無"酒"字。《韓王信盧綰列傳》"自立爲大王"，旁注："《漢書》作代王，是。"中華本今即作"代王"。

再次，有些異文，雖然未加判斷，但也提供了校改的線索，爲後世所吸收。如《周本紀》"爾所不勉，其予爾身有戮。"旁注："宋本予作于"，今中華本"于"即作"予"。"日夜勞來我西土"，上欄："按宋板及閩本'來'字下有一'定'字，作'定我西土'。"今中華本"我"前即加有"定"字。"猶曰怵惕懼怨之來也"，旁注："曰一本作日"，今中華本即作"日"。

當然，也有許多文字，是《評林》本不誤，而輯録的異文有誤，或兩説皆可通，這些異文保留了《史記》在傳佈中不斷被竄改的情况，也有一定的參考價值。

以下輯録《評林》本旁注及上欄的異文材料（包括他校材料）：

《五帝本紀》（各條前數字，依次爲中華書局整理本册、頁、行）

1/20/8 九歲　旁注：一本歲作載。

1/24/4 揖五瑞　上欄：按揖《封禪書》作輯，依《尚書》之舊也。

《夏本紀》

1/75/14 百里采　旁注：《書傳》作採地。

《殷本紀》

1/96/11　於是諸侯畢服　旁注：一作心服。

1/108/12　殷之太師、少師乃持其祭樂器奔周　旁注：一本無樂字。

《周本紀》

1/123/2　其予爾身有戮　旁注：宋本予作于。（按：中華本"于"作"予"）

1/129/3　日夜勞來我西土　上欄：按宋板及閩本來字下有一定字，作定我西土。（按：中華本"我"前有"定"字）

1/141/10　猶曰怵惕懼怨之來也　旁注：曰一本作日。（按：中華本作"日"）

1/168/9　是秦重周，周以取秦也　旁注：一本無下周字。

《秦本紀》

1/175/3　長驅歸周以救亂　上欄：一本歸周下有一日千里四字。（按：中華本有"一日千里"四字）

1/201/2　別五百歲復合，合七十七歲而霸王出　旁注：一本無下合字。《周紀》止云十七歲。（按：中華本作"合（七）十七歲"。）

1/213/13　葉陽悝出之國　旁注：一本葉陽下有君字。（按：中華本"君"字）

《秦始皇本紀》

1/223/7　蒙驁、王齮、麃公等爲將軍。　旁注：一本無王齮二字。

1/227/10　相國呂不韋坐繆毐免　旁注：一本毐作奢。（按：中華本作"毐"。）

1/233/14　昌平君徙於郢　旁注：一本作軍。

1/237/17　朝賀皆自十月朔　旁注：一本皆作今。

1/239/9　置廷宮中　旁注：一本作宮廷。

1/244/9　南登琅邪　旁注：一本無南字。

1/244/10　立石刻　旁注：一本無刻字。

1/261/13　追首高明　旁注：一本首作守。

1/262/3　殺之無罪　旁注：碑文作無辜。

1/262/4　皆遵度軌　旁注：碑文作軌度。

1/277/9　當此之世　旁注：一本世作時。

1/284/1　表地分民以封功臣之後　旁注：一本作裂。（按：中華本作"裂地"。）

1/284/9　是以陳涉不用湯武之賢　旁注：一本作實。

《項羽本紀》

1/297/6　一府中皆慴伏　上欄：按慴伏《漢書》作讋伏。

1/298/4　使使與連和俱西　旁注：一本使下有欲字。（按：中華本作"使使欲與"。）

1/299/13　逆無道　旁注：宋本逆上有大字。

1/336/9　分其地爲五　旁注：宋本分字上有故字。（按：中華本有"故"字。）

1/337/16　乃持項王頭視魯　旁注：一本視作示。

《高祖本紀》

2/346/5　鄉者夫人嬰兒皆似君　上欄：《漢書》似作以字，最是。

2/348/16　高祖心喜　上欄：心喜《漢書》作又喜。

2/350/9　故上赤　上欄：按《漢書》故字下有也字，無上赤二字。

　　2/373/15　出軍宛葉間　旁注：一本軍作兵。

　　2/374/3　漢堅壁不與戰　旁注：一本漢下有王字。（按：中華本有"王"字。）

　　2/374/8　南饗軍小脩武南　旁注：饗一作鄉。

　　2/375/6　騎將灌嬰擊，大破楚軍　旁注：一本無擊字。

　　2/379/1　項羽卒聞漢軍之楚歌　旁注：一本無之。

　　2/382/13　因説高祖曰　旁注：一本曰下有甚善。

　　2/388/1　上自東往擊之　旁注：宋本作往東。

　　2/389/10　悉召故人父老縱酒　上欄：縱酒《漢書》作佐酒。

　　391/14　吾以布衣持三尺劍取天下　旁注：一本持作提。（按：中華本作"提"。）

　　2/391/15　已而吕后問　旁注：一本問下有曰字。

《吕太后本紀》

　　2/398/3　迺酌兩卮鴆置前　旁注：一本迺下有令字（按：中華本有"令"字。）

《孝文本紀》

　　2/419/13　古之有天下者莫不長焉　旁注：《漢書》無不字（按：中華本無"不"字。）

　　2/431/8　親與朕俱棄細過　旁注：《漢書》親作新。

　　2/436/10　臣謹議曰：功莫大于高皇帝　旁注：宋本作臣謹議世（中華本作"臣謹議：世"。）

《孝景本紀》

　　2/448/13　置陽陵　旁注：一本置作葬。

《孝武本紀》

2/452/3 使人微得趙綰等姦利事　旁注：一本微字下有伺字。

2/453/15 是時有李少君亦以祠灶、穀道、卻老方見上　旁注：一本有作而字。

2/462/13 我何愛乎　旁注：一本愛作憂。

《十二諸侯年表》

2/510/2 下觀近世　旁注：本作勢。（按：中華本作"勢"。）

《高祖功臣侯者年表》

3/877/5 泰山如厲　旁注：一本作若。（按：中華本作"若"。）

《禮書》

4/1161/7 故制禮義以養人之欲　旁注：一本養人上有分之二字。

4/1161/14 所謂辨者　上欄：按辨《荀》作別。

4/1162/1 側載臭茝　上欄：按臭茝《荀》作睪芷。

4/1163/15 情勝之爲安　旁注：一本勝作性。

4/1167/15 諸侯不敢懷　上欄：按懷《荀》作壞，謂不敢祧祖廟也。《史》誤。

4/1167/15 所以辨貴賤　上欄：按貴賤《荀》作貴始。

4/1168/3 有特牲而食者不得立宗廟　上欄：按特牲而食《荀》作持手而食，是。

4/1169/4 郊之麻絻　旁注：一本絻作冕。

4/1172/2 入焉而弱　上欄：按弱《荀》作溺，嗛《荀》作喪。楊倞曰：以其深，故能使堅白者溺；以其大，故能便擅作者喪；以其高，故能使暴慢者墜。

4/1172/3　入焉而望　旁注：一本望作㠯。

4/1173/13　是以君子之性守宮庭也　上欄：按《荀》作君子之壇宇宮庭也。

4/1173/13　人域是域，土君子也　上欄：按《荀》作人有是，土君子也。

《樂書》

4/1177/3　上自朝廷　旁注：上自二字舊本缺。

4/1178/9　今安匹兮龍爲友　旁注：一本爲作與。

4/1191/16　樂之容也　旁注：容，《記》作文。（中華本作"樂之（容）［官］也"。）

4/1193/5　禮者辨宜　旁注：辨《記》作別。

4/1197/11　其舞行級　旁注：級《記》作綴。上欄：按舞字下無行字，疑衍。

4/1202/6　禮樂之説貫乎人情矣　旁注：貫《記》作管。

4/1204/8　布筵席　旁注：布《記》作鋪。

4/1206/7　是故志微焦衰之音作　旁注：衰《記》作殺。

4/1206/7　嘽緩慢易繁文簡節之音作　旁注：緩《記》作諧。

4/1208/7　類小大之稱　旁注：類《記》作律。

4/1209/15　感滌蕩之氣而滅平和之德　旁注：滌蕩《記》作條暢。

4/1211/11　姦聲亂色不留聰明　旁注：留一本作流。

4/1214/14　然後樂氣從之　旁注：氣《記》作器。

4/1218/4　知禮樂之道　旁注：知《記》作致。

4/1219/6　故禮主其謙　旁注：謙《記》作減。

4/1220/5 使其文足以綸而不息　旁注：綸《記》作論。

4/1222/5 和正以廣　旁注：正《記》作復。

4/1228/16 免席而請　旁注：一本請作言。

4/1229/7 五成而分陝　旁注：《記》無陝字。

4/1229/8 平振之而四伐　旁注：《記》無振字。

4/1235/1 故爲善者天報之以福　旁注：一本報作與。

《律書》

4/1241/8 兼列邦士　旁注：士一作土。（按：中華本作“土”。）

4/1241/10 誅伐不可偃於天下　旁注：一本伐作罰。

4/1249/9 黃鍾長八寸七分一　旁注：一本七作十。

4/1252/16 非其聖心以乘聰明　旁注：其一本作有。（中華本作“有”。）

《天官書》

4/1304/3 軫南衆星曰天庫樓　上欄：按《漢書》天庫下無樓字。

4/1306/14 三處羅　上欄：按《漢書》羅下有列字。

4/1320/7 九芒　旁注：一本九芒作光芒。

4/1320/12 金在南曰牝牡　旁注：一本無曰字。

4/1320/13 生孽卿　旁注：一本生作主。（按：中華本作“主”。）

4/1323/10 爲八歲，二百二十日　旁注：一本八歲作百歲，二十作三十。

4/1324/15 國以靜　上欄：按《漢記》國作圖，是。（按：中華本作“圖”。）

4/1327/4 晚爲天矢及彗星　旁注：按《天文志》天矢作天祆。（按：中華本作“天夭”。）

4/1329/3 赤行窮兵之所終。　上欄：按《天文志》無赤行窮兵之所終句。

4/1331/2 立侯王指量若曰殺將　上欄：按《天文志》、《漢書》指量俱作破軍。（按：中華本作"立侯王（指量）［破軍］（若曰）殺將"。）

4/1331/3 圍在中　旁注：一本圍作圓。

4/1331/5 其發疾　上欄：按《天文志》其發疾作其後發病。

4/1336/7 時有墜星　旁注：一本無有字。

4/1336/9 其狀無常,出於有道之國　旁注：一本常下又有常字。（按：中華本作"常出"。）

4/1337/4 前方而高,後兌而卑者邰。　上欄：按《漢書》作前方而後高者銳,後銳而卑者卻。（按：中華本作"前方而後高者兌,後兌而卑者,卻。"）

4/1337/7 去之十餘里見　旁注：一本餘下有二十餘三字。

4/1337/12 其前抵者　旁注：一本抵作低。（按：中華本作"低"。）

4/1337/15 及有占　旁注：一本及作乃。（按：中華本作"乃"。）

4/1339/10 水滄澤竭地長見象　上欄：按《漢書》水滄地長澤竭見象爲是。（按：中華本作"水滄地長澤竭見象"。）

4/1339/11 閩梟枯槀　上欄：按《漢書》閩梟作潤息。（按：中華本作"閩梟（枯槀）槀枯"。）

4/1339/12 其人逢晤,化言,誠然。　上欄：按《天文志》其作與,化作訛。

《封禪書》

4/1359/8 野雞夜雒　上欄：按夜雒《漢書》作夜鳴。

4/1372/7 蜀之汶山　旁注：一本山下有也字。

4/1372/8 而牲牛犢牢具珪幣各異。　上欄：按《郊祀志》牲下有一亦字。

4/1388/12　置酒壽宮神君　上欄：按置酒壽宮《武帝紀》無酒字爲當。

4/1388/13　皆從之，非可得見。　旁注：一本非作弗。

4/1390/6　則方士皆奄口　旁注：一作掩。

4/1390/7　人者求之　旁注：者一作自。

4/1390/8　令有親屬　旁注：有一作爲。

4/1391/3　帷幄器物以充其家　旁注：一本作帳。

4/1392/3　曭溫有黄雲蓋焉　上欄：按曭溫《武紀》作晏溫。

4/1393/7　復朔旦、冬至　上欄：按復《武紀》作得爲當。

4/1394/14　君神從者及此北斗云　上欄：按神新本作臣，今依宋本改正。

4/1398/7　皆至太山祭后土　上欄：按祭后土《武紀》作然後去。

4/1399/13　越人俗鬼　上欄：按《武紀》俗下有信字。

4/1402/12　獨五月嘗駒　上欄：按獨五月嘗駒《武紀》作五帝用駒，爲當。

4/1403/2　命曰明年　旁注：一本作祈。

4/1403/3　然風后封臣岐伯　上欄：按封臣《武紀》作封鉅。（按：中華本作“封巨、岐伯”。）

《河渠書》

4/1412/2　以東萬餘頃攻鹵地　旁注：攻一作故。（按：中華本作“故”。）

《平準書》

4/1421/14　吏發兵誅之　旁注：一本吏作更。

4/1426/2 而姦或盜摩錢裏取鋊　上欄：按鋊本作鉛，音裕，作鋊非。（按：中華本作"鉛"。）

4/1429/2 周郭其下，令不可磨取鋊焉　旁注：下一作質。

4/1433/7 舉兼併之徒守相為吏者　旁注：《漢書》吏作利。（按：中華本作"為（吏）[利]者"。）

4/1436/10 徙奴婢眾　旁注：徙一作徒。（按：中華本作"徒"。）

4/1437/1 亂齊民　旁注：民一作人。

4/1438/15 赦天下，因南方樓船卒十萬人擊南越　旁注：一本因作囚。（按：中華本作"赦天下[囚]，因南方……"）

4/1439/1 又數萬人渡河築令居　旁注：一本居作民。

4/1441/5 召工官治車諸器　旁注：召一作名。

4/1441/8 用帛百餘萬匹　旁注：一本作疋。

《吳太伯世家》

5/1458/3 衛多君子，子未有患也。　旁注：一本無下子字。（按：中華本無下"子"字。）

《齊太公世家》

5/1489/7 王祭不具，是以來責。　旁注：一本是作共。（按：疑當作"一本具作共"。）

5/1495/14 附愛百姓　旁注：附一作柎。（按：疑當"柎"。）

5/1497/11 車絓於木而止　旁注：車一作單。

5/1502/14 崔杼歸　旁注：一本歸字上有毋字。（按：中華本作"崔杼毋歸"。）

《魯周公世家》

5/1530/11 申繻諫止　旁注：一本止下有公字。

5/1531/14 孟女生子斑　上欄：按生子斑《左氏》作般。

1543/6　至於武子、文子　旁注：一本作文子、武子。（按：中華本作"至於文子、武子"。）

《衛康叔世家》

5/1594/7　大臣言曰："君好鶴，鶴可令擊翟。"於是遂入，殺懿公。　旁注：一本翟下有翟字。（按：中華本"於是"前又有一"翟"字。）

5/1595/11　成公私於周主鴆　旁注：一本周主作晉主。

《宋微子世家》

5/1614/3　于其毋好　上欄：毋好《尚書》作無好。

5/1616/16　曰雨曰濟　上欄：濟《尚書》作霽。

《晉世家》

5/1640/8　自桓叔初封曲沃以至武公滅晉也　旁注：一本初作始。

5/1646/1　人誰内我　旁注：一本内作入。

5/1648/1　夷吾將奔翟　旁注：一本將作欲。

《楚世家》

5/1699/14　子莊王侶立　旁注：侶《左傳》作旅。

5/1724/5　即以命報懷王　旁注：一本命下有歸字。（按：中華本作"即以歸報懷王"。）

《鄭世家》

5/1757/3　封三十三歲　旁注：一本封作立。

5/1764/13　秋，厲公卒，子文公踕立。　上欄：按踕《春秋》作踕。

《趙世家》

6/1806/13　爲人臣者寵有孝悌　上欄：按寵《戰國策》作竆。

6/1807/14　兄弟之通義也　上欄：按兄弟《國策》作先王。

6/1823/5　媼之愛燕后　上欄：按媼字《春秋》俱作太后。

6/1824/6　而況於予乎　旁注：一本予字作子。

6/1830/10　君不如遣春平君而留平都　旁注：《國策》作平都侯。

《魏世家》

6/1840/9　臣何以負於魏成子　旁注：一本無以字。

6/1843/5　魏君爲趙謂韓曰　上欄：按爲趙一本作圍，皆不解，疑有誤。（按：中華本作“魏君圍。趙謂韓曰”。）

6/1852/8　秦拔我蒲反　旁注：一本反作阪。

6/1854/4　蘇代謂魏王曰　上欄：按蘇代《戰國策》作孫臣。

6/1857/1　無忌謂魏王曰　上欄：按無忌《戰國策》作未已。

6/1857/2　秦與戎翟同俗　旁注：一作族。

6/1858/15　秦之欲誅之久矣　上欄：按誅《國策》作許。

《韓世家》

6/1873/1　公子咎、公子蟣虱争爲太子　上欄：按蟣虱《國策》作幾瑟。

《田敬仲完世家》

6/1899/2　梁門不開，釋帝而貸之　上欄：按《戰國策》開作啓，貸作貳。

6/1900/3　晉楚合必議齊秦　上欄：按《戰國策》議作伺，伺亦圖也。

《孔子世家》

6/1925/12　如王四國　旁注：一本如字上有心字。

《陳涉世家》

6/1950/6　爲天下唱　旁注：《漢書》唱作倡。

6/1964/13　且天下非小弱也　旁注：一本且下有夫字。

《外戚世家》

6/1972/12　及代王立爲帝　旁注：一本及作後。

6/1978/11　主見所侍美人　上欄：按侍《漢書》作倛，師古云：倛，儲倛也。

《蕭相國世家》

6/2016/9　逃身遁者數矣　旁注：一本逃作跳。

6/2018/13　相國守關中，搖足則關以西非陛下有也　旁注：一本中下再有關中字。

《留侯世家》

6/2034/15　欲毆之　旁注：一本毆作歐。

《陳丞相世家》

6/2055/5　至於行功爵邑　旁注：功或作賞。

6/2055/7　然大王恣侮人　旁注：恣或作資。

6/2059/2　即反接載檻車　旁注：一本即作因。

《絳侯周勃世家》

6/2065/12　卻適　旁注：適《漢書》作敵。

6/2066/5　楚懷王封沛公號安武侯　旁注：一本作武安。

6/2067/16　因東定楚地泗川　旁注：一本川作水。（按：中華本作"泗（川）［水］"。）

6/2067/16　賜與潁陽侯共食鍾離　旁注：一本陽作陰（按：中華本作"潁（陽）［陰］侯"。）

6/2070/15　定上谷十一縣　旁注：一本作十二縣（按：中華本作"十二縣"。）

6/2074/8　文帝之後六年　旁注：一本年作歲。

6/2078/8　此不足君所乎　旁注：一本此下有非字。

《梁孝王世家》

6/2084/16　竇太后義格　旁注：一作議。

6/2085/4　乃與羊勝、公孫詭之屬陰使人　上欄：按《漢書》屬下有謀字。

6/2092/1　而梁王聞其義出於袁盎諸大臣所　旁注：一作議。

《三王世家》

6/2106/7　臣青翟、臣湯等宜奉義遵職　旁注：一本義作議。

6/2107/12　明天施之性　旁注：一本施作地。

6/2109/6　今諸侯支子封至諸侯王，臣青翟……　旁注：一本王字下有"而家皇子爲列侯"句。（按：中華本"王"字下有"而家皇子爲列侯"句。）

《老子韓非列傳》

7/2154/12　忘其口而念我　旁注：一本念作唸。

7/2154/13　又嘗食我以其餘桃　旁注：一本作桃餘。

《伍子胥列傳》

7/2172/11　二子到，則父子俱死　旁注：一本到作去。

7/2176/14　天定亦能破人　旁注：一本作勝人。

《仲尼弟子列傳》

7/2220/2　顯有年名　旁注：一本顯作頗。

《蘇秦列傳》

7/2244/6　秦趙相斃　旁注：《國策》斃作敝。

7/2244/7　此燕之所以不犯寇也　旁注:《國策》寇作難。

7/2247/8　秦無韓魏之規　旁注:《國策》規作隔。

7/2249/8　六國從親以賓秦　旁注:《國策》賓作擯。

7/2250/7　乃飾車百乘　旁注:一本乃下有"封蘇秦爲武安君"句。

7/2254/4　卒有秦患,不顧其禍　上欄:按《戰國策》秦患作國患,顧作被。鮑彪云國謂魏,不被患謂衡人。

7/2255/13　夫事秦必割其地以效實　旁注:《國策》作効質。

7/2258/6　驕矜而不敢進　上欄:按驕矜《戰國策》作高躍。

《樗里子甘茂列傳》

7/2311/4　蜀侯輝　旁注:一本作煇。(按:中華本作"煇"。)

7/2317/15　以苟賤不廉聞於世　上欄:按不廉《戰國策》作苟廉。

《平原君虞卿列傳》

7/2371/4　寡人使束甲而趨之　上欄:按《國策》束甲作卷甲。

7/2373/1　必以爲韓魏不救趙也,而王之軍必孤,有以王之事秦不如韓、魏也　旁注:一本有作又。(按:中華本作"必(以爲……有以)五之事秦不如韓、魏也。")

《魏公子列傳》

7/2382/3　客有説公子曰　旁注:此客《國策》作唐雎。

《范睢蔡澤列傳》

7/2407/5　可以少有補于秦　旁注:一本無有字。

7/2409/11　大臣作亂,文子出走。　旁注:一本作奔。

7/2411/5　聞齊之有田文　旁注:《國策》文作單。

7/2413/9 非大車駟馬，吾不出　旁注："一本吾下有固字。"（按：中華本有"固"字。）

7/2417/6 鄭安平爲趙所困　旁注：一本作圍。（中華本作"圍"。）

《田單列傳》

8/2455/3 得千溢　旁注：一本作鎰。

8/2456/14 悼齒之殺湣王也　旁注：一本作淖。（按：中華本作"淖"。）

《魯仲連鄒陽列傳》

8/2463/7 攝袵枹機　旁注：一本作抱。（按：中華本作"抱"。）

8/2475/10 去驕憿之心　旁注：一作傲。

《屈原賈生列傳》

8/2488/16 誹駿疑桀兮　旁注：一作俊。

《李斯列傳》

8/2542/1 此五者不産於秦　旁注：一本五下有子字。（按：中華本作有"子"字。）

8/2556/1 陟塹之勢異也　旁注：一作峭。（按：中華本作"峭塹"。）

《蒙恬列傳》

2569/15 身死則國亡　旁注：一本作則身死亡國。

《張耳陳餘列傳》

8/2573/13 北有長城之域　旁注：《漢書》域作役。（按：中華本作"役"。）

8/2583/15 要之置　上欄：按正本置下有廁字，《漢書》亦有廁字。（按：中華本有"廁"字。）

《淮陰侯列傳》

8/2611/11　至拜大將，乃韓信也　旁注：一本無韓字。

8/2612/1　惟信亦爲大王不如也　旁注：一本亦下有以字。

《韓王信盧綰列傳》

8/2640/8　自立爲大王　旁注：《漢書》作代王，是。（按：中華本作"代王"。）

《樊酈滕灌列傳》

8/2651/11　從攻圍　上欄：按《漢書》從攻圍作從攻圉，注圉，縣名。

8/2655/11　從擊秦車騎壤東　旁注：一本車作軍。

8/2660/7　別將攻句關　旁注：一作洵（按：中華本作"句關"。）

《酈生陸賈列傳》

8/2694/8　軍於歷城　旁注：一本城作下。

《劉敬叔孫通列傳》

8/2716/6　今陛下起豐擊沛　旁注：一本豐下無擊字。（中華本作"起豐沛"。）

8/2723/12　百官執職傳警　旁注：《漢書》作執戟。

《季布欒布列傳》

8/2731/6　上默慚　旁注：一本默下有然字。（中華本有"然"字。）

《張釋之馮唐列傳》

9/2755/9　下廷尉，廷尉治　旁注：一本無重廷尉字。（按：中華本不重"廷尉"。）

《扁鵲倉公列傳》

9/2788/8 案扤毒熨　旁注：一本扤作抗。（按：疑當作"一本扤作扚"，中華本作"扚"。）

9/2811/9 拙工有一不習　旁注：有一作守。

《吳王濞列傳》

9/2822/12 濞則招致天下亡命者益鑄錢　旁注：《漢書》作盜。（按：中華本作"（益）〔盜〕鑄錢"。）

《李將軍列傳》

9/2873/6 廣軍功自如　上欄：按功自如《漢書》作功自當。師古云功過自相當也。

9/2877/11 擊匈奴右賢王祁連天山　旁注：一本王下有於字。（按：中華本有"於"字。）

《匈奴列傳》

9/2902/16 各保其首領而終其天命　旁注：一本命作年（按：中華本作"年"。）

《衛將軍驃騎列傳》

9/2933/10 仍與之勞　上欄：按仍與《漢書》作仍興，注：重興軍旅之勞。

《平津侯主父列傳》

9/2951/12 雖詳與善　旁注：一本詳作陽。

9/2959/14 橋箭累弦　上欄：按橋箭《漢書》作矯箭，正曲便直也。

9/2963/7 由此言之，始之盛也　旁注：一本始作治。（按：中華本作"治"。）

《南越列傳》

9/2972/12 女盡嫁王子兄弟宗室　旁注：一本室作族。

《東越列傳》

9/2983/3 樓船將軍率錢唐轅絡古　旁注：一本絡作終。（按：中華本作"終"。）

《朝鮮列傳》

9/2986/14 又擁閼不通　旁注：擁瀆曰壅。一本作雍。

9/2988/10 使濟南太守公孫遂往正之。　旁注：征《漢書》作正。（按：中華本作"遂往（征）［正］之"。）

《西南夷列傳》

9/2997/7 滇王離難　上欄：按《漢書》無難字。師古云：離西南，言西南事漢也。

《司馬相如列傳》

3000/10 今文君已失身於司馬長卿，長卿故倦游　旁注：他本與《漢書》皆有二長卿字。

9/3009/5 儵眇淒浰　旁注：眇一作眇。（按：中華本作"眇"。）

9/3017/7 赴隘陝之口　上欄：按陝音狹，《漢書》作陿。

9/3052/12 猶鷦明已翔乎寥廓　旁注：明一作鳴。

《淮南衡山列傳》

10/3090/13 赦令除其罪，産五十萬以上者　旁注：一本罪下有家字。

10/3090/14 又僞爲左右都司空上林中都官詔獄逮書，諸侯太子幸臣　旁注：一本書下有以逮字。（按：中華本作"詔獄［逮］書，［逮］諸侯"。）

《汲鄭列傳》

10/3108/7　唯天子亦不説也　旁注：《漢書》唯作雖。

《儒林列傳》

10/3129/3　弟子通者　上欄：按通一作遂。與通同謂名位咸達者。

《酷吏列傳》

10/3139/7　罪常釋聞即奏事　上欄：按《漢書》聞作間，屬下句讀。師古云：間謂非當朝奏者。（按：中華本作“罪常釋。（聞）〔閒〕即奏事”。）

10/3140/13　於是丞上指　旁注：丞一作承。

10/3148/5　梨來　旁注：《漢書》作追求。（按：中華本作“黎來”。）

10/3149/13　置伯格長以牧司姦盜賊　旁注：一本牧作收。

《大宛列傳》

10/3167/14　破匈奴西城數萬人　上欄：按西城《漢書》作西邊，是。（按：中華本作“西（城）〔域〕有數萬人”。）

10/3176/4　驢騾橐它以萬數　旁注：一本作駝。

《游俠列傳》

10/3183/6　比如順風而呼　旁注：一本比作此。

10/3187/3　且無用待我，待我去　上欄：按《漢書》無重待我字，是。（按：中華本作“（待我）待我去”。）

《佞幸列傳》

10/3195/10　爲變新聲　旁注：舊本作新變聲。

《滑稽列傳》

10/3205/4　時詔賜之食於前　旁注：食一作飯。

10/3207/4 固有常也　旁注：有一作其。（按：中華本作"其"。）

《龜策列傳》

10/3226/14 雖有所深藏之，見其光　旁注：一本之作必。
（按：中華本作"必"，屬下。）

10/3230/9 雲雨並起　旁注：雲一作雷。（按：中華本作"雷雨"。）

10/3250/2 此狐徹　旁注：狐一本作交。

《太史公自序》

10/3295/12 自獲麟以來四百餘歲　旁注：一本百下有有字。
（按：中華本有"有"字。）

10/3299/13 封禪　旁注：一本封上有建字。

10/3303/8 封禪　旁注：一本封上有建字。

第七節　《史記評林》的底本——柯本

1. 柯本概況

選擇哪個版本作爲底本，是校勘《史記》首先要解決的問題。明萬曆年間，宋、元三家注合刻本，如黃善夫本、彭寅翁本等，已成鳳毛麟角，很難得到，行世者多爲"嘉靖三刻"與"南北監本"。對此，凌稚隆也經過了一番比較，《史記評林凡例》云：

> 《史記》刻本自宋元迄今不下數十家，但近時見行者，杭本
> 無《索隱述贊》，白鹿本無《正義》，陝西本缺《封禪》、《河渠》、
> 《平準》三書，惟金臺汪本，蒲田柯氏所校，頗少差謬，兹刻以宋

　　本與汪本字字詳對，間有不合者，又以他善本參之，反復讎校，
庶免亥豕魚魯之樊云。

　　可見，凌氏最終選擇金臺汪本爲底本，是經過了深思熟慮的。通過
對柯本和其他本子的比較，凌氏不爲無識。

　　金臺汪本，亦稱柯本，指嘉靖四年金臺汪諒刻、柯維熊校本，此
本首有費懋中《題新刻史記》、次裴駰《史記集解序》，次小司馬氏
《補史記序》，次司馬貞《史記索隱序》，次《史記正義序》，次《目錄》，
目錄後有“明嘉靖四年乙酉／金臺汪諒氏刊行”木記二行。次《三皇
本紀》，次《史記》正文。行款與黃善夫本同，上下單邊，左右雙邊。
雙魚尾。版心上題本卷略稱（如《夏本紀》有“史夏紀”、“史夏紀
二”、“史記夏紀二”、“史記夏二”、“史夏二”、“史記二”等），下題本
卷頁碼。半頁十行，行十八字，注小字雙行，行二十三字。卷首題
“三皇本紀第一”，下加圈，題“史記卷之一”，再下題“莆田柯維熊校
正”七字。（《五帝本紀》卷首唯題“五帝本紀第一”，蓋“史記卷之
一”，前《三皇本紀》已題。後各卷多不題“莆田柯維熊校正”。）卷末
題“三皇本紀”，下加圈，題“補史記”（他各卷卷末各題卷名，下加
圈，題史記卷之几）。

　　考費懋中《題新刻史記》云：

　　　　司馬遷《史記》近時苦乏善本，雖陝西有翻刻宋板本，江西
　　有白鹿書院新刻本，差強人意，然藏之官司，非權門要津弗可
　　輒得。余家故近白鹿，然猶未能購之，他可知矣。金臺汪諒得
　　舊本，遂重刻焉。間質余求正其訛謬，余未之輒諾，諒遂懇諸
　　大行人柯君奇徵，君佳其志，欣然從之。遂遍求諸家舊本，參

互考訂，反覆數四，焚膏繼晷，歷兩歲而始就，視陝西之刻尤號精絕。由是而窮儒寒畯，揮金往市，亦可得之，而二刻不足觀矣。柯君篤學嗜古，於事無所苟且，校閱之精，覽者當自得之。向微君，則是書雖成猶未刻也。白鹿本無《正義》，陝西雖有之，而《封禪》、《河渠》、《平準》三書特缺焉，柯君悉爲增入。刻既成，因書此以識歲月云。大明嘉靖四年秋九月既望，鉛山費懋中書。

柯維熊《跋新刻史記後》亦云：

京師汪氏子得《史記》舊本，欲翻以布，屬余校正焉。余官頗多暇，故亦不辭。上自《本紀》，下至《太史公自敘》，凡一百三十卷，五十二萬六千五百言，併其注而讐校之者，亦未暇悉數，蓋信者正，疑者闕，蔑敢苟焉耳矣。

對於汪諒本所據的“舊本”，歷來說法不一。張元濟說：“明代覆刻黃善夫本者有震澤王延喆及秦藩鑒抑道人二本，同時尚有莆田柯維熊本，行款相同，或謂其亦出黃氏。”（《宋黃善夫刻本〈史記〉跋》）《中國版刻圖録》謂黃善夫本“爲明時廖鎧、汪諒、王延喆和秦藩朱維焯四本之祖”，然未列其據。賀次君《史記書録》認爲：“是所謂‘舊本’者，或即南宋所刻，與黃善夫本同，又即王延喆、秦藩二本之所從出者。汪諒所得舊本非即黃善夫本，但其間關係至爲密切。”“汪諒所得舊本，即同時王延喆據以翻刻者，與南宋黃善夫本俱爲徽宗重和、宣和間升老子爲《列傳》之首後所刊三注合刻本，惟黃善本曾加校讐，刊正舛譌，故略勝它刻；若謂王、柯皆祖黃本,是僅見其行款幅式一貫,實未深考其史文及注之異同耳。"又認爲:"此本雖與王延喆、秦藩本同出一源,但柯本曾以其他善本校讎之,故勝於王、秦二本之處甚多,且足以刊正他本之譌脫"①。安平秋《史記版本述要》認爲柯本"是在南宋三家注本基礎上經校正後的翻刻,雖不如黃善夫本,但較王延喆本爲勝,在校勘上有一定價值"②。

　　針對賀次君的説法,張玉春《史記版本研究》中,列舉大量例證,證明賀次君所謂"黃善夫本",實際是百衲本二十四史中影印的黃善夫本,經過大量校改,已非黃善夫本之舊,所以賀次君據之得出的柯本、王本不出黃善夫本的結論不足爲據。進而舉例,證明"汪諒所得舊本爲黃善夫本",同時也指出"柯本承襲黃善夫本之譌"、"作爲翻刻本,柯本亦不會與黃善夫本完全相同,尤其柯本在翻刻之際'遍求諸家舊本,參互考訂,反覆數四,焚膏繼晷',在一定程度上糾正了黃善夫本的譌誤"③。認爲"從以上諸文,可以得知柯維熊是作了一些校改工作,但其校正之處並不多,而沿襲黃善夫本的譌誤則是其主流。因此,費懋中在《序》中所説'遂遍求諸家舊本,參互考訂,反覆數四,焚膏繼晷,歷兩歲而始就,視陝西之刻尤號精絶'實爲過譽之辭。"④其説令人信服。錢泰吉校《評林》本,《三皇本紀》卷首亦有批注云:"柯本徒有校正之名,以鄙意度之,但依宋本翻雕,未詳校也","未詳校",也正是錢氏在校勘中,因柯本譌誤尚多而得出的結論。但這個結論也比較片面,因爲錢

①　賀次君《史記書錄》,139頁。
②　安平秋等《史記教程》,456頁。
③　張玉春《史記版本研究》,290頁。
④　同上書,292頁。

氏以柯本與時代較後、經過精心校勘的《評林》本、殿本等相較，
自然會發現柯本許多延續底本之誤，但這並不能否認，柯本也確
實校正過黃本的不少譌誤。今考上海圖書館藏錢泰吉所校《評
林》本，朱墨燦然，而卷中王本譌誤、柯本不誤者亦往往有之（其
校記俱存張文虎《校刊史記集解索隱正義札記》中，詳後），錢氏
詆柯本"但依宋本翻雕，未詳校也"，蓋於費懋中序譽美之辭，又
有矯枉過正之嫌。

　　而據張玉春等考察，王延喆本底本亦爲黃善夫本，則除少數
卷頁因底本殘缺而據他本補刻，因而注文有部分脱誤外，其餘皆
據黃善夫本翻刻，故繼承了黃善夫本的諸多譌誤。而秦藩本又
據王延喆本翻刻，校正甚少。所以相比較而言，柯本在文字上，
的確有可取之處。正如賀次君所言"明代嘉靖三刻皆繙宋版，而
集諸本校勘者惟有柯氏"[1]。《史記教程》謂"以此本（指王延喆
本）與黃善夫本比勘，就會發現王本譌誤較多，但比明代的監本
及其後的《評林》本譌誤都要少，受到《四庫全書總目》的推重"[2]。
事實是，柯本勝過王本，《評林》本又勝過柯本。《史記教程》之説
不確。

　　南北監本因爲是官刻而流傳甚廣，但三家注多不全，其中"南
監張邦奇本是以元大德九年刊二家注本合《正義》注文而成。在合
刻過程中，因所據底本不善，三家注文，尤其是《正義》注文多有脱
落。至萬曆三年余有丁始有意删削三家注，斥余氏妄删三家注，可
謂不誣。及至萬曆二十四年馮夢禎本、二十六年北監劉應秋本，不

---

①　賀次君《史記書録》，144 頁。
②　安平秋等《史記教程》，465 頁。

僅不曾删削三家注，而且恢復了被余有丁妄删的注文，但終因無緣得見黃善夫本，没能達到恢復三家注原貌的目的"①。故南北監本亦不足取。

總之，在"嘉靖三刻"和南北監本中，柯本是相對最好的本子，凌稚隆取汪諒刻柯維熊校本爲底本，是非常自然的。

2. 柯本校正底本之處

柯本經過了一番相對仔細的校勘，自然有不少勝過黃善夫本、王延喆本之處，今以張文虎《校勘史記集解索隱正義札記》、水澤利忠《史記會注考證校補》爲線索，覆校南京圖書館藏柯維熊本（簡稱"柯本"）、王延喆本（簡稱"王本"），列舉王本有脱誤，而柯本不誤者（王本翻刻黃善夫本，觀王本，即略知黃善夫本大概矣），這些柯本校改處，絕大多數已被凌本吸收。

《五帝本紀》

1/41/7 "讓于諸臣朱虎熊羆"《正義》"二臣名"：王本"二"誤作"云"，柯本作"二臣也"。

《夏本紀》

1/60/16 "雲土、夢爲治"：黃本、王本作"雲夢土爲治"，柯本、凌本與索隱本合。

《殷本紀》

1/96/11 "於是諸侯畢服"："畢"宋、中統、柯、毛本作"必"，舊刻、游、王本譌作"心"。

---

① 張玉春《史記版本研究》，334 頁。

《周本紀》

1/131/13 "以存亡國宜告"《正義》"以周國之所宜"：黄本、王本脱"宜"字，柯、凌有。

1/133/2 "衛康叔"《正義》"以三監之餘民"：王本脱"餘"字，柯、凌本有。《書傳》無。

1/145/13 "西周三川皆震"：王本"周"誤作"州"。

1/149/7 "與繒、西夷犬戎攻幽王"《正義》"禹後"：王本脱此二字，柯、凌本有。

1/149/9 "遂殺幽王驪山下"《正義》：王本脱此條，柯、凌本有。

1/150/10 "天子之用事太山田也"《正義》"不能復巡狩"：柯、凌本有"能"字，與杜《注》合。

1/150/12 "許州許昌縣四十里"："四十里"，王本脱，柯、凌本有。

1/150/12 "有魯城"：王本下複衍"城"字，柯、凌本無。

1/153/14 "翟人來誅"：王本"誅"誤作"諸"，柯本不誤。

《秦本紀》

1/176/15 "化爲黄龍也"：王本"黄"誤作"成"。柯、凌本與《博物志》合。

1/216/14 "初置南陽郡"《正義》"而居陽地"：王本"而"譌作"舊"，"居"譌作"名"。柯、凌本"而"字未誤。

《秦始皇本紀》

1/236/10 "至于萬世"：黄本、王本"于"誤作"千"，柯、凌本不誤。

《項羽本紀》

1/301/10 "楚雖三户亡秦必楚也"《正義》"是南公之善讖"：王本"讖"誤作"識"，柯、凌不誤。

1/322/13 五諸侯兵《正義》"漢欲得關中"：王本"欲"下衍"令"字，柯、凌本無，與《漢書注》合。

1/323/12 "睢水"《正義》"過郡四，行千二百六十里"：王本"郡"下衍"其"，"行"下衍"至一"兩字，末衍"者矣"兩字，柯、凌本不誤。

《高祖本紀》

2/343/9 "黑子"《正義》"呼爲黶子"：柯、凌本"子"，王本誤作"而"。

《孝武本紀》

2/470/16 "夕夕月"《集解》"漢儀郊泰一時"：王、毛本"時"誤作"時"，柯本不誤。

《三代世表》

2/501/11/1 "曹叔振鐸"：王、毛本"鐸"誤作"繹"，柯、凌本不誤。

《十二諸侯年表》

2/647/4/2—648/4/1 齊景公九"晏嬰"二十字：王本誤入上魯格，柯本不誤。

2/656/8/2 宋元公十"公毋信，詐殺諸公子"：王本"信"誤作"元"，"殺"誤作"穆"，柯本不誤。

《六國年表》

2/707/8/4 四十五"取都"：王本"都"誤作"鄭"，柯本不誤。

2/756/1/1　秦始皇二十一"王賁擊楚"：四字王本脱，柯本有。

《漢興以來諸侯王者年表》

3/809/21/4　九梁五"來朝"：二字王本誤入下格。

《高祖功臣侯者年表》

3/918/4/2　故城孝惠格二：蔡本、舊刻、王本誤作"一"，柯本不誤。

3/923/2/2　斥丘侯功格"剋敵"：王本"剋"誤作"到"，柯本不誤。

3/923/2/2　"擊破籍武城"：王本"破"誤作"被"，柯本不誤。

3/958/6/2　二十：王本誤作"三十"，柯本不誤。

3/959/3/2　"貞侯趙衍元年"：王本"貞"誤作"功"，柯本不誤。

3/971/2/1　侯功格"屬魏豹，豹反"：王本"豹豹反"誤作"稱尸"二字。

《建元以來侯者年表》

3/1038/5/1　元狩格"畏懦"：王本誤作"魯儒"。

《漢興以來將相名臣年表》

3/1139/2/1　五大事格"園壖"：王本"園"誤作"圈"。

《禮書》

4/1159/12　"或入河海"《正義》"禮壞樂崩"：王本脱"壞"字。

4/1166/11　"鄹鄪"《正義》"故城"：王本誤作"古城"。

4/1170/14　"終乎税"：游、王本誤作"鋭"。

4/1172/10　"往焉而隊"《正義》"入於禮義之中"：王本"入"誤作"之"。

《樂書》

4/1176/1　"而士奮"：王本"士"誤作"自"。

4/1178/13 "又嘗得神馬渥洼水中"《集解》"暴利長"：王本誤作"常"。

4/1187/15 "禮者爲異"《正義》"是爲同也"：王本脱"爲"字。

4/1188/7 "好惡著則賢不肖別矣"《正義》"政化行矣"："政化"上王本衍"是"字。

4/1188/15 "樂由中出"《正義》"故生此樂也"：王本重"此"字，衍。

4/1192/3 "天地之序"《正義》"禮法天地之形"：王本"法"誤作"仲"。

4/1192/4 "必明於天地，然後能興起禮樂也"：王本脱"明"字。

4/1194/17 "地氣上隮"：王本誤作"濟"，注同。

4/1198/7 "行級遠"《正義》"而隨功德優劣爲舞位行列也"：王本"德"誤作"得"。

4/1198/9 "行級短"《正義》"由君德盛"：王本"德"誤作"得"。

4/1200/10 "所以合歡"《正義》"以特合允適也"：柯、凌本"特"，王本誤作"時"。

4/1202/15 "禮之經也"《正義》"是禮之常行也"：柯、凌本"禮"，王本誤作"理"。

4/1204/6 "胎生者不殰而卵生者不殈"《正義》"今和氣不殰殈也"：王本"今"誤作"令"。

4/1204/14 "弦歌干揚也"《正義》"謂舉楯以舞也"："以"下王本衍"爲"字。

4/1214/5 "則惑而不樂"《正義》"若小人在上"：王本"在"誤作"有"。

4/1214/9 "廣樂以成其教"《正義》"內本情和志"：王本"情"誤作"清"。

4/1216/16 "復亂以飭歸"《正義》"復亂者"：王本"復"誤作"後"。

4/1219/5 "舉而錯之天下無難矣"《正義》"引舊證"：王本"舊"誤作"奮"。

4/1222/3 "吾端冕而聽古樂"《正義》"其制正幅袂"：王本"袂"誤作"袚"。

4/1227/12 "及時事也"《正義》"故早爲此也"："此"下王本衍"者"字。

4/1230/9 "太公之志也"《正義》"自奮其威勇以助也"：王本"助"下衍"之"字。

《律書》

4/1243/3 "朕能任衣冠"《正義》：王本脱，柯本有。

4/1244/8 "律中應鍾"《正義》"應，乙證反"：四字王本脱，柯本有。

4/1250/16 "寅九分八"《正義》"又參之於卯"：自"卯"至"亥"諸"之"字王本皆脱。

4/1254/1 "即天地二十八宿"《正義》：王本脱，柯本有。

《天官書》

4/1298/7 "則後宫叙而多子"：王本"叙"誤作"欽"。

4/1301/13 "軒轅，黄龍體"《正義》"黄龍之體"：王本"體"誤作"神"。

4/1302/15 "中白者爲質"《正義》"一名質"：王本"一"誤作"主"。

4/1307/7 "觜觿"《正義》"胡規反"：王本重衍一"胡"字。

4/1331/1 "力鈞"：中統、游誤作"鉤"，王誤作"釣"。

《封禪書》

4/1356/9 "嵩高也"《正義》"亦名曰外方也"："曰"字王本脱。

4/1371/5 "則五嶽四瀆"：王本"五嶽"誤作"天岳"。

4/1375/12 "十四臣"《集解》"自此以下星至天淵玉女"：王本脱"至"字。中統、游、毛本無"星"字，疑"星"即"至"字之譌衍。柯、凌本無"以下星"三字。

《河渠書》

4/1409/6 "東潰金隄"《正義》"一名千里隄"：王本"千"誤作"十"。

4/1411/16 "山東從沔無限"《正義》"謂河南之東"：王本"謂"誤作"渭"。

《平準書》

4/1425/12 "轉轂"：王本"轂"誤作"穀"。

《吴太伯世家》

4/1446/15 "伯仲雍之後得周章周章已君吴因而封之乃"：王本脱此十八字，柯本有。

《陳杞世家》

5/1580/1 "成公元年冬"：王本"元"誤作"九"。

《宋微子世家》

5/1632/3 "子悼公購由立"《集解》：王本脱此《集解》，及下至"辟兵立"正文，"悼公"下《索隱》。

《晉世家》

5/1639/2 "聞晉鄂侯卒"：王本脱"鄂"字，柯本有。

《楚世家》

5/1709/9 "召五公子齊而入"：宋、中統、王、毛本脱"公"字。

5/1713/3 “乃令司馬奮召太子建”：王本“乃”誤作“功”。

5/1722/6 “攻齊勝之”：王本脫“齊”字。

5/1722/15 “六國共攻秦”：王本“共”誤作“兵”。

5/1728/7 “故爲婚姻”《正義》：王本此注譌脫，柯、凌有。

《越王句踐世家》

1752/7 “居楚曰范伯”：王本“居”誤作“君”。

《趙世家》

6/1794/9 “使者遂亦自殺”：王本脫“遂”字，末有“也”字。

6/1799/14 “攻衞，取甄”：王本重“攻”字，衍。

6/1815/5 “主父開之”：中統、游、王本“開”誤作“聞”，柯本不誤。

6/1817/3 “秦復與趙數擊齊，齊人患之”：王本脫一“齊”字。

《魏世家》

6/1858/3 “行三千里”《正義》“涉谷是西道，河外是東道”：王本脫“涉”字。柯、凌本脫兩“是”字。

6/1859/16 “與舞陽鄰”《正義》“此時葉陽”：王本“此”誤作“州”。

《陳涉世家》

6/1960/5 “立懷王孫心爲楚王”：王本“立”誤作“王”。

《外戚世家》

6/1981/12 “當小市西入里”：王本誤作“少帝”。

6/1983/8 “當用列侯尚主”：王本“當”誤作“嘗”。

《荊燕世家》

6/1993/12 “漢王追項籍至固陵”：王本“項”作“逐”。

《留侯世家》

6/2043/14 “雒陽雖有此固”：王本“雖”誤作“維”。

《梁孝王世家》

6/2081/3 "而與孝景帝同母"：王本"景"誤作"惠"。

《五宗世家》

6/2097/4 "遂爲無訾省"：王本"遂"誤作"逐"，柯本不誤。

《三王世家》

6/2115/14 "裹以白茅"：中統、游、王本"裹"誤作"裏"。

《伯夷列傳》

7/2128/11 "聖人作而萬物覩"《正義》"有能紹名世"：王本"名"誤作"明"。

《老子韓非列傳》

7/2139/7《正義》"内篇云李母懷胎"：王本此七字作"玉女夢流星入口"，與下文複，誤刻也。柯、凌本不誤。

7/2142/2 "老萊子亦楚人也"《正義》"蓍艾爲席"：王本"艾"誤作"丈"。

7/2151/13 "汎濫博文"《正義》"博文，廣言句也"：王本"文"誤作"聞"。

《仲尼弟子列傳》

7/2205/13 "澹臺滅明"《正義》"延津"：王本"延"誤作"涎"。

《蘇秦列傳》

7/2249/4 "趙涉河漳、博關"：王本"關"誤作"闕"。

7/2268/1 "恐文誤矣"：王本"文"誤作"大"。

《張儀列傳》

7/2304/4 "秦將輕使重幣事君之國"《正義》"事義渠之國"：王本脱"之"字。

7/2304/5 "犀首此言"："言"下王本衍"者"字。

《樗里子甘茂列傳》

7/2309/2 "遺之廣車"《正義》"并州盂縣"：王本"盂"誤作"孟"。

7/2317/6 "殽塞"《正義》：王本脱。

《孟嘗君列傳》

7/2360/8 "今富給者以要期"：中統、游、王、毛本"今"誤作"令"。

7/2361/6 "而奉邑益廣"：王本"奉"誤作"秦"。

7/2361/14 "無不欲彊齊而弱秦者，馮軾結靷西入秦者"：王本脱此十七字。

《平原君虞卿列傳》

7/2369/5 "士方其危苦之時"：王本"士"下衍"於"。

7/2372/7 "今秦善韓魏而攻王"：王本"今"誤作"令"，下"今臣"同。

《魏公子列傳》

7/2378/3 "爲寇"《正義》"爲，于僞反"：王本脱。

7/2379/12—13 "今邯鄲……之困"：此二十一字王本脱。

《春申君列傳》

7/2388/4 "王又舉甲而攻魏"：王本"甲"誤作"申"。

《范睢蔡澤列傳》

7/2406/15 "成其王業也"：王本"王"誤作"正"。

7/2409/10 "皆咎其王，曰"：王本重"曰"字，衍。

7/2411/1 "木之有蠹也"《正義》"音妬，蝕柱蟲"：王本脱此《正義》。

7/2418/9 "膝攣"：王本"膝"誤作"脒"。

《廉頗藺相如列傳》

8/2441/3 "乃使其從"：王本"從"下有"去聲"二字，衍。

《魯仲連鄒陽列傳》

8/2473/10 "則骨肉出逐不收"：蔡、王本"不"誤作"之"。

《屈原賈生列傳》

8/2488/9 "鴻前而麟後"：王本"鴻前"誤作"鳥鴻"。

《刺客列傳》

8/2524/3 "今足下幸而不棄"：王本"棄"誤作"益"。

8/2524/3 "請益其車騎"：蔡、王本"益"誤作"登"。

8/2529/4 "不能爲之謀也"：王本"爲"誤作"謂"。

8/2532/6 "則雖欲長侍足下"：游、王本誤作"待"。

《李斯列傳》

8/2555/1 "以天下爲桎梏"：王本"梏"誤作"告"。

8/2561/4 "先王之時"：王、毛本"王"誤作"生"。

8/2561/12 "囚安得上書"：王本"囚"誤作"因"。

8/2562/5 "令卦之"：王本"卦"誤作"封"。

《張耳陳餘列傳》

8/2579/12 "當是時"：王本脫"時"字。

8/2585/14 "及孝惠、高后"：王本"高"誤作"魯"。

《黥布列傳》

8/2606/1 "布之初反"：王本"初"誤作"夜"。

《淮陰侯列傳》

8/2620/6 "齊已聽酈生"：王本脫"酈"字。

《韓信盧綰列傳》

8/2639/3 候伺：王本誤作"同"。

《樊酈滕灌列傳》

8/2661/9《正義》"縣在涇州安定縣東四十里"：王本前"縣"下衍"乃"，后"縣"下衍"之"。

《酈生陸賈列傳》

8/2694/1 "王事可成"：王本此下有"《索隱》曰《管子》云王者以民爲天，民以食爲天，能知天之天者斯可矣"二十六字，蓋後人旁注誤混，各本皆無。

8/2704/3 "將兵助楚討不義"：王本脫"討"字。

《劉敬叔孫通列傳》

8/2723/14 "御史執法"：王本"史"誤作"吏"。

《袁盎鼂錯列傳》

8/2741/6 "毋何"：王本"何"誤作"奇"。

《張釋之馮唐列傳》

9/2758/13 "南支韓魏"：王本"支"誤作"友"，柯本不誤。

《萬石張叔列傳》

9/2764/1 "爲太子太傅，免"：王本"免"誤作"逸"。

9/2770/13 "人或毀曰"：王本"人"誤作"之"。

《田叔列傳》

9/2775/9 "喜游諸公"《正義》：王本脫，柯本有。

9/2778/1 "常相從入苑中"《正義》"曲阜縣南三十里"：王本脫"三十里"三字。

9/2778/11《正義》"漢書百官表云武帝元狩五年"：王本無"百官表云武"五字，並脫"《正義》曰"三字。

《扁鵲倉公列傳》

9/2786/14 "血脈治也"：王本"脈"誤作"脤"。

9/2788/12 "當聞其耳鳴而鼻張"：王本"當"誤作"甞"。

9/2790/10 "當聞其耳鳴而鼻張"《正義》"音漲"：王本誤作"張"。

9/2806/6 "血如豆比五六枚"：王本"枚"誤作"枝"。

9/2820/4 "胍行六寸"注"二十七氣"：王本"十"誤作"寸"。

《魏其武安侯列傳》

9/2840/3 "嬰乃言袁盎"：王本"嬰"誤作"賓"字。

9/2846/4 吳已破：王本脱"破"字，柯本有。

9/2847/1 "灌夫爲人剛直使酒"：王本"剛"誤作"則"。

《韓長孺列傳》

9/2859/4 "公等足與治乎"：王本"足"誤作"成"。

《匈奴列傳》

9/2883/13 《集解》"圁在西河，音銀"：游、王本作"音張"，誤。

9/2892/9 "有罪小者軋"：王本脱"罪"字。

9/2904/13 "今帝即位"：游、王本"今"作"武"，非。

9/2912/12 "何徒遠走"：王本"徒"誤作"徙"。

《衛將軍驃騎列傳》

9/2927/8 "太僕賀爲左將軍"：王本"左"誤作"列"。

9/2945/13 "爲匈河將軍"：王本"河"誤作"奴"。

《西南夷列傳》

9/2998/1 "卒爲七郡"：王本脱此四字，秦藩本同。

《司馬相如列傳》

9/3000/3 "於是相如往舍都亭"：王本脱"是"字。柯本"於是"小字雙行。

9/3000/8 "雍容閒雅甚都"：王本"甚"誤作"是"。

9/3000/13　"而令文君當鑪"：王本脱"當"字。

9/3056/5　"拾九天而永逝"《正義》：王本脱。

9/3068/2　"以展采錯事"：蔡、王本"展"誤作"展"。

9/3070/7　"厥壤可游"：王本誤作"攘"。

9/3073/7　"《春秋》推見至隱"《集解》"推見事"：王本"事"誤作"争"。

《淮南衡山列傳》

10/3085/7　"不即常山王"：游、王本"即"誤作"如"。

10/3086/4　"女子紡績"：王本誤作"紛績"。

10/3087/2　"一船"：蔡、王本脱二字，柯本補之，而此行二十字字距尤密。

10/3094/6　"當皆免官"：蔡、王、毛本誤作"削"。

10/3095/5　"故劾慶死罪"：王本"故"誤作"死"。

10/3097/6　"吏捕贏"：蔡、王本"捕"誤作"稱"。

《汲鄭列傳》

10/3108/7　"上益貴弘湯"：王本脱"湯"字，柯本補之，此行十九字。

《儒林列傳》

10/3129/4　"掌故者以百數"：王本"百"誤作"言"。

《酷吏列傳》

10/3133/1　"楊人也"《正義》"以故洪洞鎮爲名也"：王本"以"誤作"北"。

10/3140/7　"掾吏賢者"《正義》"建議如上意"：王本"議"誤作"識"。

《大宛列傳》

10/3159/3《正義》"既,盡也"：王本"盡"誤作"書"。

10/3163/13 "有羊羔自然生於土中"：王本"羔"誤作"黑"。

10/3164/11 "于寶去京凡九千六百七十里"：王本脫"凡"字。

10/3164/14 "善賈市"：蔡、王本誤作"氏"。

10/3165/17 "其跡尚存"：王本"存"誤作"有"。

10/3174/10 "漢使怒,妄言"：王本"妄"誤作"忘"。

《游俠列傳》

10/3186/10 "怪之,問其故"：王本"怪"誤作"快"。

《滑稽列傳》

10/3206/14 "安敢望常侍侍郎乎"：王本誤作"時"。

10/3211/11 "水來漂没"：王本"漂"誤作"河"。

10/3212/5 "呼河伯婦來"：王本"呼"誤作"子"。

10/3212/15 "言人腰側似也"：王本"側"誤作"則"。

《龜策列傳》

10/3230/6 "在籠中"：王本誤作"寵"。

10/3231/14 "今我聽子"：王本"今"誤作"令"。

10/3233/15 "以知吉凶"：王本"吉"誤作"告"。

10/3234/4 "象箸而羹"：王本"箸"誤作"管"。

10/3242/2 "足肸首仰有外"：中統、王、毛本"首"誤作"手"。

《貨殖列傳》

10/3280/5 "而任氏獨窖倉粟"：王本"窖"誤作"穿"。

10/3280/8 "則身不得飲酒食肉"：王本"身"誤作"匈"。

10/3281/15 "此其章章尤異者也"：中統、游、王本脫一"章"

字,柯本補入。

《太史公自序》

10/3302/13 "殺隱幽友"：王本重"幽"字,衍。

3. 柯本的誤刻之處

不過,柯本也先天性地承繼了黃善夫本系統的某些譌誤,同時有因校勘不夠精細或誤校造成的一些脱誤之處,其中部分《評林》本已校正,亦有部分沿誤,今據《校刊史記集解索隱正義札記》等,略列如下,分列如下：

（1）柯本承底本之誤,凌本沿誤未改。

《殷本紀》

1/107/1 "銅斗"：官本"斗",單本誤作"升",黃、柯、凌本誤作"舛"。

《周本紀》

1/126/4 "罕旗"《集解》"旍,旗名"：黃、柯、凌本同,疑"旍"上脱"九"字。毛本作"斿,旗名",誤。

《周本紀》

1/129/4 "定我西土"：宋本有"定"字,索隱本、中統、舊刻、游、毛本及《册府元龜》十三引並同,黃、柯、凌本脱。

《秦始皇本紀》

1/224/5 "王齮"《索隱》"即王齕"："齕",黃、柯、凌本皆誤作"騎"。

1/291/5 "佐政驅除"："政",黃、柯、凌本皆誤作"攻"。

《高祖本紀》

2/344/8 "縱觀"《正義》"包愷"：黃、柯、凌本皆誤作"包慢"。

《孝武本紀》

2/484/13 "天子既令設祠具"："具"，黃、柯、凌本皆誤作"其"。

《十二諸侯年表》

2/519/5/3 "晉獻侯籍元年"："侯"，黃、柯、凌本皆誤作"公"。

2/532/6/4 "祠白帝"："白"，黃、柯、凌本皆誤作"皇"。

2/533/3/3 "魯惠公弗湟"："湟"，黃、柯、凌本、皆作"湟"。

2/537/6/2 "生莊公寤生"："寤"，黃、柯、凌本皆作"悟"。

2/556/5/2 "晉小子"："小"，黃、柯、凌本皆誤作"少"。

2/634/6/2 秦景公十五"伐晉救鄭"："鄭"，黃、柯、凌本誤作"魏"。

2/663/11/3 蔡昭侯十"以裘故"："裘"，黃、柯、凌本誤作"喪"。

2/673/5/2 晉定公二十一"趙鞅拔邯鄲"："拔"，黃、柯、凌本誤作"救"。

《六國年表》

2/692/8/3 齊平十七"乃今知所以亡"："今"，黃、柯、凌本誤作"令"。

2/731/2/3 秦初更五"王北遊戎地"："地"，黃、柯、凌本誤作"池"。

《秦楚之際月表》

3/786/8/3 "齊王田廣始"：黃、柯、凌本前皆衍"三"字。

《漢興以來將相名臣年表》

3/1150/2/2 三大事格"吉卒"：黃、柯、凌本脫"吉"字。

《律書》

4/1240/1 "望敵知吉凶"《索隱》：黃、柯、凌本脫。

《吳太伯世家》

5/1457/16 "樂高之難"《集解》：黃、柯、凌本皆無，蓋嫌與下義複而删之。

5/1458/3 "未有患也"：黃、柯、凌本"未"上複衍"子"字。

《齊太公世家》

5/1492/14 "難近"《集解》：黃、柯、凌本誤作"正義"。

《楚世家》

5/1692/2 "居丹陽"《正義》"穎容"："容"，黃、柯、凌本皆誤作"客"。

5/1713/5 "守邊"《集解》：黃、柯、凌本脱。

5/1728/14 "乃告于秦"："秦"，黃、柯、凌本誤作"齊"。

5/1729/9 "伊闕"：黃、柯、凌本誤作"關"。

《越王句踐世家》

5/1741/2 "悉五千人"：黃、柯、凌本脱"悉"字。

5/1743/2 "拊循其士民"：黃、柯、凌本下重"士民"二字，衍。

《趙世家》

6/1801/3 "成侯與魏惠王遇葛孽"：此下黃、柯、凌本並衍《正義》一條，與"皮牢"下《正義》同。

6/1805/11 "新樂縣西南"："西南"，黃、柯、凌本下複衍此二字。

6/1812/6 "鴟之塞"《集解》：黃、柯、凌本脱。

6/1832/16 "遷降"《集解》：黃、柯、凌本誤混入此節《正義》。

《魏世家》

6/1858/6 《正義》"山上有故石城"：黃、柯、凌本誤倒作"石故城"。

《韓世家》

6/1877/7 "請今"："今"，黃、柯、凌本誤作"令"。

《外戚世家》

6/1976/13 "景帝嘗體不安"："嘗"，黃、柯、凌本誤作"常"。

《梁孝王世家》

6/2089/11 "令梁孝王"："令"，黃、柯、凌本誤作"今"。

《三王世家》

6/2110/2 "而家皇子爲列侯"《索隱》云云：黃、柯、凌本脱正文七字及注二十字。

《管晏列傳》

7/2135/16《正義》"注皇覽"云云：黃、柯、凌本誤删。

《穰侯列傳》

7/2329/10 "於是秦昭王悟"："昭"字黃、柯、凌本脱。

《孟子荀卿列傳》

7/2350/5 "爲節用"《集解》"墨子解帶"云云：此以下二十八字黃、柯、凌本脱。

《范睢蔡澤列傳》

7/2421/11 "豈不亦忠聖乎"：黃、柯、凌本脱"忠"字。

《刺客列傳》

8/2526/6 "乃其姊亦烈女也"："乃"，黃、柯、凌本誤作"及"。

《李斯列傳》

8/2542/1 "此五子者"：黃、柯、凌本脱"子"字。

8/2545/4 "昭虞武象者"《集解》"徐廣曰"：黃、柯、凌本誤作《索隱》曰"。

8/2552/14 "十公主矺死於社"《集解》"史記音隱曰"：黃、柯、凌本"音隱"誤作"正義"。

《張耳陳餘列傳》

8/2586/2 "乃封"，"乃"，黃、柯、凌本誤作"及"。

《淮陰侯列傳》

8/2628/15 "信方斬"：黄、柯、凌本下衍"之"字。

《李將軍列傳》

9/2876/3 "引刀自剄"：黄、柯、凌本"剄"誤作"頸"。

《衛將軍驃騎列傳》

9/2944/1 "冢在大猶鄉"："冢"，黄、柯、凌誤作"家"。

《平津侯主父列傳》

9/2958/14 "景駒"："駒"，黄、柯、凌本誤作"騎"。

《東越列傳》

9/2983/3 "轅終古"："終"，黄、柯、凌本誤作"絡"。

《司馬相如列傳》

9/3008/5 "木蘭"《集解》：黄、柯、凌本脱。

9/3016/5 "秋田乎青丘"《集解》：黄、柯、凌本誤删。

9/3022/15 "布濩閎澤"："濩"，黄、柯、凌本誤作"穫"。

9/3061/5 "杭絶浮渚而涉流沙"《集解》：黄、柯、凌本並脱。

《淮南衡山列傳》

10/3098/3 "信哉是言也"：黄、柯、凌本脱"言"字。

《儒林列傳》

10/3121/16 "爲治者不在多言"："在"，黄、柯、凌本誤作"至"。

《貨殖列傳》

10/3260/4 "池中雨下"："雨"，黄、柯、凌本誤作"有"。

（2）黄本不誤，柯本誤刻，凌本沿誤未改。

《五帝本紀》

1/21/3 "湯湯洪水滔天"《正義》"蕩蕩，廣平之貌"："蕩蕩"，黄本不誤，柯、凌誤作"湯湯"。

《殷本紀》

1/101/10 "巫賢"：柯本、凌本誤作"巫咸"。

《周本紀》

1/112/2 "屹"：柯本、凌本誤作"忔"。

1/167/3《正義》"犯前请卒戍周"："戍"，柯、凌本誤作"伐"。

《秦本紀》

1/215/12 "光狼"《正義》"二十里"：柯、凌本無此三字。

1/215/14 "取鄢、鄧"《正義》："鄢鄧二城並在襄州"：黄本有，柯、凌本脱。

1/215/15 "取郢爲南郡"《正義》："《括地志》"云云：黄本有，柯、凌本脱。

1/215/16 "王與楚王會襄陵"《正義》："《括地志》"云云：黄本有，柯、凌本脱。

1/216/1 "白起爲武安君"《正義》："《括地志》"云云：黄本有，柯、凌本脱。

1/216/4 "黔中"《正義》"《括地志》"云云：黄本有，柯、凌本脱。

《項羽本紀》

1/334/11 "快戰"：柯、凌本誤作"決戰"。

《高祖功臣侯者年表》

3/958/1/2 "廣阿"："阿"，柯、凌本誤作"河"。

《惠景閒侯者年表》

3/997/5/3 孝文格"侯戎奴"：柯、凌本"侯"上衍"恭"字。

《禮書》

4/1166/2 "汝潁以爲險"《正義》"河有灘"："河"，柯、凌本誤作"山"。

4/1166/4 "汝潁以爲險"《正義》"東至下蔡"："下"字柯、凌誤作"更"。

《樂書》

4/1197/12 "行級短"：柯、凌脱"行"字。

《河渠書》

4/1413/1 "竇決河"：柯、凌本此下注"令平聲從去聲"六字，蓋後人旁注誤混，他本皆無。

《晉世家》

5/1649/1 "爲之驗"："爲"，柯、凌本誤作"謂"。

《楚世家》

5/1717/4 《正義》"《括地志》云"：四字柯、凌脱。

5/1720/14 "賀秦獻公"："公"，游、柯、凌本誤作"王"。

《越王句踐世家》

5/1754/1 "藜藿"："藿"，柯、凌本誤作"霍"。

《趙世家》

6/1826/12 "軍長平"《正義》"二十一里"：黃本"二十一里"，與《郡縣志》合。柯、凌本"二"誤作"三"。

《韓世家》

6/1868/15 "魏取朱"："朱"，柯、凌本誤作"宋"。

6/1876/14 "與秦會兩周間"：黃本"兩周"，"兩"，柯、凌本皆誤作"西"。

《三王世家》

6/2110/3 "太子少傅"："少"，柯、凌本誤作"太"。

《范睢蔡澤列傳》

7/2404/1 "嘗稱帝"："嘗"，柯、凌本誤作"常"。

《刺客列傳》

8/2537/6 "乃矐其目"："矐"，柯、凌本誤作"臛"。

《樊酈滕灌列傳》

8/2661/9 《正義》"縣在涇州安定縣東四十里"："涇"，柯本誤作"經"。

《張丞相列傳》

8/2680/7 "平陽侯曹窋"：柯、凌本誤作"窋"。

《酈生陸賈列傳》

8/2693/15 "數困滎陽成皋"：柯、凌本下有"數亦音朔"四字中，蓋旁注誤入，各本無。

《南越列傳》

9/2974/11 "郟"《集解》"古洽反"：柯、凌本"洽"誤作"治"。

《司馬相如列傳》

9/3049/1 "洋溢乎方外"：柯、凌本"溢"誤作"益"。

9/3057/2 "蛫蟉"：柯、凌本"蛫"誤作"姚"。

　　此外，還有諸如黃本原誤，柯本誤改，凌本又沿誤者，如《楚世家》"至新中"《正義》"秦莊襄王"，"襄"黃本誤作"大"，柯、凌本又誤作"文"。此不贅舉。

　　當然，更多的情況是柯本沿底本之誤，或柯本誤刻，但凌本已作校正,詳見後。

第八節　《史記評林》的校勘

《評林》本繼承了底本柯本的不少優點,同時柯本的某些譌誤,《評林》本也承襲下來,未能完全校正(俱見前)。不過,《評林》本不是像王本那樣簡單的翻刻底本,而是廣校衆本,對柯本的許多譌誤進行了訂正,(當然也還有一些改錯和誤刻的)。以下各舉例說明。

1.《史記評林》校正之功

(1) 柯本承底本之誤,《史記評林》已校正。
《五帝本紀》
1/21/13　衆皆言:王、柯脱"言"字,凌本不誤。

1/42/13　畏忌《正義》言己:凌本有"己"字,王、柯脱。
《夏本紀》
1/55/2　雷夏《集解》縣西北:王、柯本脱"縣西北"三字,殿、凌本有此三字。

1/68/9　析城山:各本"山"誤作"縣",凌本不誤。

1/71/9　來處極遠:王、柯本下衍"無流"二字,凌本不衍。

1/80/13　毋水行舟:王、柯、毛本"行舟"倒,凌本不誤。
《周本紀》
1/125/8　揖諸侯《正義》其心:王、柯本"其"誤作"之",凌本不誤。

1/139/5　何敬《集解》所宜乎：王、柯本誤作"也"，凌本"乎"，與《書傳》合。

1/139/13　官獄《索隱》惟官：王、柯本脱"惟官"二字，凌本有此二字，與經書合。

1/140/3　倍灑《集解》一作莅：王、柯本脱"莅"字，凌本有。

1/141/7　芮良夫：游、王、柯本誤作"正"，凌本不誤。

1/162/5　以疏之於秦《正義》周親秦："秦"字，王、柯本誤作"我"，凌本不誤。

《秦本紀》

1/200/2　"簡公昭子之弟"：索隱、宋、中統、王、柯本脱"子"字，凌本有。

1/214/8　"攻新城"《正義》"將而"：王、柯本"而"誤作"兵"，凌本與《白起傳》合。

《秦始皇本紀》

1/232/6　"取宜安"《正義》"常山稾城縣"：各本"山"誤作"州"，凌本不誤。

《高祖本紀》

2/357/3　"秦軍夾壁"：南宋本、舊刻、王本、柯本"夾"誤作"來"，凌不誤。

2/386/4　"作未央宫"《正義》"公車司馬亦在北焉"：凌本有"馬"字，與《漢書注》合。

《吕太后本紀》

2/403/5　"以太后制天下事也"：王、柯本"制"誤作"稱"。

《孝景本紀》

2/449/8 "豈不以謀哉"：王、柯本脱"謀"字。

《孝武本紀》

2/477/9 "泰祝"：中統、游、王、柯、毛本作"況"。

2/484/13 "祠具"：王、柯、毛本作"其"，誤。

《三代世表》

2/494/1/2 殷湯代夏氏：各本此下復衍"殷湯"二字，舊刻、凌本無。

2/507/6 "蜀王，黄帝後世也"《正義》"黄帝與子昌意"：王、柯本"黄"誤作"皇"。

《十二諸侯年表》

2/552/6/3 秦寧公元年：凌本"寧"，與《秦紀》合。他本並作"靈"。

2/561/6/3 秦出公六"三父殺出公"：北宋、凌本作"三父"，各本誤作"三公"。

2/564/2/2 周莊王四"王誅周公"："誅"字中統、游、柯本誤作"誳"，王誤作"訥"。

2/575/2/2 周惠王四"入惠王"：中統、游、凌同。北宋、王、柯本脱"入"字。毛作"惠王入"。

2/575/2/3 周惠王五"太子母早死。惠后生叔帶"：凌本有此十字。

2/590/8/1 宋襄公七"六鶂退飛過我都"：王、柯本作"鶃"。

2/596/11/1 蔡莊侯十四會"晉伐楚朝周王"：中統、游、王、柯、毛本脱此七字，而衍下曹表"晉伐我，執公，復歸之"八字。北宋、凌本不誤。

2/606/2/1 周頃王：凌本"頃"，各本作"傾"，下同。

2/606/7/1 楚穆王八"伐鄭"：中統、游、王、柯本"鄭"誤作"陳"。

2/611/4/1 四"立桓公子惠公"：北宋、中統、游、王、柯、毛本作"悼公"，誤。

2/616/5/1 "成公黤"：北宋、中統、凌本"黤"，他本誤作"殺"。

2/626/6/4 秦桓公二十六"晉率諸侯伐我"：凌本有此六字，他本脱。

2/628/14/2 燕昭公十三"昭公黤"：中統、游、王、柯本誤入上格。

2/634/5/2 晉悼公十一"公曰吾用魏絳"：中統、王、柯、毛本脱"公曰"二字。柯本"吾"誤作"吳"。

2/642/9/2 衛殤公十二"齊晉殺殤公復内獻公"：凌本有此九字。他本多脱。

2/643/7/3 楚康王十五"康王黤"：游、王、柯本"康"誤作"慶"。

2/646/7/2 楚熊郏敖四"自立爲靈王"：北宋本、舊刻本、凌本有"爲"字，他本脱。

2/646/7/3 楚靈王圍元年：中統、王、柯本"圍"誤作"圉"。

2/650/3/2 魯昭公八"楚留之"：凌本"留"，各本作"召"。

2/671/7/2 楚昭王二十一"滅胡"：王、柯本誤作"相"。

2/673/9/1 衛出公輒元年：王、柯本脱"出"字，毛本誤作"衛公出"。

2/674/8/2 宋景公二十八"伐曹"：游、王、柯本誤作"晉"，中統、吳校金板、毛本並誤作"魯"。

2/682/9/2 衛君起元年"石傅逐起"：凌本"傅"，與索隱本合。各本作"專"，乃"傅"之譌。

《六國年表》

2/685/4　太史公：王、柯脱"公"字。

2/690/1/4　周定王元年：王、柯本自元王五至定王元年，"秦"下"趙"上脱一格。

2/692/2/4　秦厲共十四"晉人楚人來賂"：六字王、柯脱。

2/693/2/3　秦厲共十六"補龐戲城"："補龐"王、毛本誤作"捕龍"，柯本誤作"補龍"。

2/703/2/2　秦懷四"庶長鼂殺懷公"：北宋、舊刻本作"鼂"，古通。中統、游、王、柯、毛本作"鼀"，蓋亦"鼂"之譌。

2/705/3/1　魏文六"魏城少梁"：王、柯本"城"誤作"滅"。

2/707/8/2　齊宣四十三"毀黄城圍陽狐"：北宋、中統、游、王、柯本"狐"作"孤"。

2/708/3/2　魏文十六"元里"：中統、游、王、柯本"元"誤作"九"。

2/710/2/2　秦簡十四"陽狐"：凌、毛本"狐"，各本作"孤"。魏表同。

2/712/6/3　楚悼九"伐韓取負黍"：毛本脱此五字。中統、游、王、柯本作"韓伐我負黍"。北宋、凌本不誤。

2/716/6/3　楚肅五"魯共公元年"：各本在楚肅六，吳校元板在七，唯凌本在五，是。

2/718/3/2　魏武十六"取魯陽"：北宋、游、柯、毛本"魯"誤作"魚"。

2/719/3/3　六"伐宋，取儀臺"：北宋、王、柯本"取"誤作"敗"。

2/722/3/3　魏惠十八"齊敗我桂陵"：游、王、柯本作"齊日敗桂陵"，凌本"齊敗我桂陵"，佳。

2/722/5/3　趙成二十二"魏拔邯鄲"：王、柯本"拔"誤作"敗"。

2/723/2/3　十三"初爲縣"：凌、毛本有"縣"字，他本脱。

2/725/8/3　齊宣二"孫子爲師"：王、柯本誤作"帥"。

2/730/8/4　齊湣王地元年：王、柯本脱"地"字。

2/730/5/5　趙武靈四"與韓會區鼠"：北宋、中統、舊刻、游、王、柯本並脱"與"字。

2/731/8/5　齊湣六"宋自立爲王"：北宋、凌本、吳校元板同。他本脱此五字。

2/734/5/1　趙武靈十六"生子何"："何"，游誤作"河"，北宋、王、柯、毛本誤作"阿"。

2/736/2/2　五"魏王來朝"：中統、游、王、柯、毛本脱此四字。

2/737/3/3　魏哀二十一"與齊韓共擊秦于函谷"：中統、游、王、柯、毛本"韓"誤作"魏"。

2/737/6/3　楚頃襄王元年：中統、游、王、柯本"頃"作"傾"。

2/737/6/3　"秦取我十六城"：中統、游、王、柯本"取"誤作"敗"。

2/737/8/3　齊湣二十六"孟嘗君"：王、柯本脱"君"字，凌本有。

2/738/8/3　齊湣三十"田甲劫王"：王、柯本"王"作"主"。

2/741/2/2　秦昭二十四"與楚會穰"：王、柯脱此四字，北宋、凌本有。

2/742/6/1　楚頃襄十九"漢北及上庸地"：凌本有"北"字，與世家合。各本脱。

2/743/3/2　"韓來救"：王、柯本"救"誤作"投"。

2/751/4/2　趙孝成二十"秦拔我晉陽"：游、王、柯、毛本"拔"誤作"敗"。

2/757/7/2　齊王建四十四"秦滅齊"：王、柯本脱"齊"字。

2/757/9　三十三"西北取戎爲四十四縣"：王、柯本脱"取"字。

《秦楚之際月表》

3/764/1/2　秦二世元年九月"楚兵至戲"：游、王、柯本"楚"誤作"齊"。

3/774/6/2　漢沛公二十八"沛公出令三章"：蔡本、中統、游、王、柯、毛本"章"並誤作"軍"。

3/775/6/1　漢沛公二十九講解：凌本作"講"，與《項紀》合。蔡本、王本、柯本誤作"購"。毛本作"謝"。

3/781/2/2　西楚三"諸侯罷戲下兵"：中統、游、王、柯本脱"兵"字。

3/790/5/1　英布十二"地屬項籍"：四字各本在後月，今依凌本。

3/796/19/3　韓王信四"徙王代，都馬邑"：六字各本誤入後月，凌本不誤。

《漢興以來諸侯王年表》

3/807/15/2　"趙王敖元年。敖，耳子"：七字蔡本、中統、游、王、柯本脱。凌本"王"下脱"敖"。毛本作"王張敖"。

3/811/25/1　淮陽"三月丙寅"：各本作"二月"，承梁表而誤也。凌本不誤。

3/813/12/1　吳王濞元年"故沛侯"：蔡本、中統、游、王、柯本此三字誤入下年。

3/826/15/2　趙王遂元年"幽王子"：三字中統、游、王、柯本誤在下年。

3/836/4/1　衡山"淮南屬王子，故安陽侯"："淮南"九字各本並誤入下年，齊、濟北、濟南、菑川、膠西、膠東、淮南、廬江各表並同，凌、毛本不誤。

3/839/24/2 汝南王"非"：凌本"非"，各本皆誤作"元"。

3/839/25/2 淮陽王"餘"：凌本"餘"，各本皆誤作"非"。

3/842/2/1 楚文王禮"元王子"：蔡本、中統、游、王、柯本並脱"元"字。

3/842/7/1 濟北：此表各本止有"十二"兩字，凌本不脱。

3/850/6/2 六城陽三十三"薨"：凌、毛本有"薨"字，他本脱。

3/853/1/1 孝武建元元年：蔡、中統、游、王、柯本並脱下"元"字，蓋又因文、景中後元而因噎廢食也。凌本有。

3/853/22/3 三濟川七"明殺中傅"：蔡、中統、游、王、柯本誤入山陽格。凌、毛本作"坐射殺中傅"。

3/855/17/1 五廣川繆王元年《集解》"四十五年"：凌本與《漢表》合，各本譌脱作"此五年"。

3/861/13/4 元狩二"置六安國"云云：首四字各本作"爲六安郡"，誤入上年，今依凌本。

3/865/12/1 "初王胥"：蔡本、中統、游、王、柯本"胥"誤作"育"。

3/865/14/1 燕"初王剌王旦"：蔡本、中統、游、王、柯本"旦"誤作"胥"。

3/867/19/3 復置清河國：各本並作"郡"，凌、毛本不誤。

3/872/6/2 三城陽慧王：蔡本、中統、王、柯本"慧"誤作"彗"，毛本作"惠"，游本誤作"思"。

《高祖功臣侯者年表》

3/878/7 "馮偃"：王、柯本"馮"誤作"韓"。

3/885/3/2 高祖格"召歐"：凌本"召"，各本誤作"吕"。

3/886/7/2 孝景格"復封始"：王、柯脱"復"字。

3/894/7/2 孝景格"其三年"：凌本有"年"字，柯本脱。

3/895/2/2 潁陰侯功格"定齊"：凌本"齊"，各本誤作"濟"。

3/897/8/2 建元格山"柟"：凌本"柟"，各本作"袥"。

3/899/3/2 高祖格"孔藂"：凌本"藂"，各本作"聚"。

3/918/9/2 侯第格"二十六"：各本皆缺，凌本有。

3/923/7/2 孝景格十六：蔡本、中統、游、王、柯、毛本並脱"十六"二字，以孝文格文填此格，而孝文格反空，又誤作"十三"爲"十二"，唯凌本不誤。

3/926/5/2 高后格八：中統、游、王、柯本脱。

3/934/7/1 "罪絶"：二字王、柯脱。

3/937/3/1 高祖格"楊喜"：索隱、蔡、王、柯、毛本作"嘉"，誤。

3/937/3/2 高祖格"頃侯"：凌本"頃"，與《漢表》合。索隱本及他作"項"，並譌。

3/943/7/2 彭孝景格"侯武有罪"：凌本有"侯"字。

3/943/6/3 孝文格"十三年"：凌本"三"，各本誤作"二"。

3/945/2/1 共侯功格"臨淄"：凌本"淄"，各本作"菑"。

3/945/6/2 "恭侯勝之"：蔡、中統、游、王、柯本"恭"作"共"。

3/945/9/2 侯第格"百"：凌本有"百"字，他本並脱。

3/946/6/2 孝文格"恭侯奴"：凌、毛有"侯"字，他本脱。

3/946/9/2 侯第格"六十七"：凌本有，他本皆脱。

3/948/2/1 侯功格"從擊諸侯，侯比吴房"：下"侯"字蔡、游、王、柯本作"族"，形近而譌。凌本不誤。

3/953/3/3 慎陽高祖格"十一年"：凌本"十一"，與《漢表》合。蔡、王、柯本作"十三"，中統、游本作"十二"，並誤。

3/958/7/1 孝景格"三年"：王、柯、毛本"三"誤作"二"。

3/965/3/2 高祖格"十二年"：凌本"二"，與《漢表》合。各本誤作“一”。

3/966/2/2　陽義侯功格“徙爲漢大夫”：王、柯本“徙”誤作“徒”。

3/966/2/2　“從至陳”：蔡、凌、毛本同。他本“從”誤作“坐”。

3/968/7/3　孝景格二、二：各本作“一、三”，凌本不誤。

3/971/2/1　“以太原尉”：凌、毛本有“以”字。

3/972/3/3　高祖格“壬辰”：游、王、柯本“壬”誤作“丙”。

《惠景閒侯者年表》

3/978/7/3　“元封元年”：此以下二十七字，中統、游、王、柯本皆誤入上格。

3/981/4/2　高后格：王、柯本此表文脱。

3/990/2/2　醴陵侯功格“漢王二年”：舊刻、王、柯本誤作“三年”。

3/992/2/3　樂昌侯功格“魯元太后”：游、王、柯本“太”下衍“子”字。

3/993/4/2　建陵高后格“九月”：“九月”上各本並衍“高后八年”四字，凌、毛本無。

3/995/5/2　孝文格二十三：王、柯本誤分“二”字在上，“十三”在下。

3/1000/5/3　平昌孝文格“侯印爲膠西王”：中統、游本無“侯”字。王、柯本無“侯印”二字。

3/1004/5/2　陽周孝文格“八年五月丙午”：中統、舊刻、游、王、柯本“丙午”並誤作“丙寅”。下東城表同。

3/1012/2/2　魏其侯功格“三百”：王、柯本“三”作“二”。

3/1013/7/1　棘樂建元格一十一：宋本、中統、游、王、柯本皆誤並作“二十”。

3/1015/6/3　孝景格“中三年”：凌本“三”，與表首“七”字合。

各本作"二",蓋誤依《漢表》。

3/1020/7/1　建元格"建元元年"：中統、舊刻、游、王、柯本作"二年",蓋依《漢表》改,然與表首"十四"不合。

3/1020/7/1　二十二：王、柯本誤作"二"。

3/1021/7/3　二十五：凌本"五",各本誤作"四"。

《建元以來侯者年表》

3/1029/2/3　長平侯功格"元朔二年"：宋、凌本"二",他本誤作"三"。

3/1030/4/3　元朔格"六月壬辰"：《志疑》云"《漢表》五月己巳。"案：中統、游、王、柯本元朔、元狩二格皆遞上一格,誤。

3/1032/1/2　南奅：王、柯本以南奅、合騎、樂安、龍頟、隨成、從平六侯次若陽後,長平前,誤。

3/1035/2/2　"得王功侯"："功侯"二字王、柯本誤倒。

3/1037/4/2　陰安元朔格"五年四月丁未"：宋本、中統、游、王、柯本"四月"誤作"五月"。

3/1038/2/1　侯功格"及前使絶域"：凌本"域",各本誤作"國"。

3/1040/2/2　侯功格"故匈奴歸義"：凌本有"故"字。

3/1041/2/1　侯功格"數深入匈奴"：凌、毛本有"匈奴"二字。

3/1045/6/2　元鼎格"坐酎金"：王、柯本脱"金"字。

3/1051/2/2　湘成侯功格"破番禺"：中統、游、王、柯本"禺"誤作"隅"。

3/1052/7/1　元封格"左將"：凌本與《漢表》合。他本並有"軍"字。

3/1056/7/2　元封格：凌本有"一"字,各本脱。

3/1064/2/2　平丘"爲光禄大夫"：中統、王、柯本"光"誤作"功"。

《建元已來王子侯者年表》

3/1071/3/1　茲元光格：此國元光、元朔二格，中統、游、王、柯本皆遞下一格，誤。

3/1077/6/3　平酌元鼎格"思侯"：凌本"思"，與《漢表》合。各本作"忠"。

3/1077/7/4　劇魁元封格三三：王、柯本脫下"三"字。

3/1078/4/4　宜成元朔格"劉偃"：宋、凌、毛本作"偃"，他本誤作"衍"。

3/1088/6/4　叢元鼎格"侯信坐酎金"："侯信"二字王、柯誤倒。

3/1091/4/3　隰成元朔格"三年正月壬戌"：各本誤作"壬子"，凌本不誤。

3/1096/7/4　安衆元封格五：王、柯誤作"二"。

3/1097/5/1　葉元狩格六：凌本有"六"字，各本脫。

3/1102/8/3　繁安太初格一：凌本"一"，各本誤作"三"。

3/1102/7/4　柳元封格今侯：凌本有"今"字。

3/1103/4/4　柏陽元朔格二：中統、游、王、柯本誤作"三"。

3/1107/4/3　泉陵元朔格"五年六月壬子"：王、柯本"五"誤作"三"。

3/1107/4/4　終弋元朔格一：凌本"一"，各本誤作"二"。

3/1109/8/4　挍太初格四：宋本、王、柯、毛本並脫。

《漢興以來將相名臣年表》

3/1128/2/5　後二大事格"八月戊辰"：蔡、王、柯本"辰"誤作"戌"。

3/1134/2/1　孝武建元三大事"率其衆"：凌本"衆"，各本誤作"家"。

《樂書》

4/1175/8 "善守善終哉"：王、柯本脫"哉"字。

4/1177/3 "上自朝廷"：凌本有"上自"二字，各本無。

4/1197/15 "以歌南風"《正義》"此第四章名樂施"：凌本"名"，王、柯本誤作"明"。

4/1204/5 "不殯"《集解》"内敗曰殯"：凌本"内"，與《記》注合。各本及《玉篇》引鄭《注》並誤作"肉"。

4/1206/7 "是故志微焦衰之音作"：王、柯本脫"志"字。

4/1207/13 "而民肅敬"《正義》"民應之，所以肅敬也"："民"上王、柯本衍"故"字，下文"慈愛"《正義》同。凌本無。

4/1211/11 "不留聰明"：凌本"留"字與《記》合，《正義》亦作"留"。各本並作"流"，聲之誤也。

4/1223/10 "所好者音"《正義》"此第三段"：王、柯本"段"誤作"别"。

4/1230/15 "再成而滅商"《正義》"一向北而不儳"：王、柯本"向"誤作"句"。

《律書》

4/1241/10 "誅伐不可偃於天下"：王、柯本"伐"誤作"罰"。

4/1252/16 "孰能存天地之神"：凌本"存"與上《正義》引合，他本並作"在"。

《曆書》

4/1260/5 "漢得土德"：凌本"得"，宋、游、王、柯、毛本並誤作"德"。

4/1264/7 "小餘三百四十八"《正義》"猶餘五十四日"：凌本"餘"，王、柯本誤作"除"。

4/1264/8 "更餘分三百四十八"：凌本"餘"，王、柯本誤作"除"。

4/1265/5 "小餘八"《正義》"每六十日除之"：凌本"除"，王、柯本誤作"餘"。

4/1272/11 "端蒙大淵獻"：宋、中統、游、王、柯、毛本"大淵獻"三字並與下年"困敦"互易，蓋改之未盡者。凌本不誤。

《天官書》

4/1295/8 "曰賤人之牢"《正義》"故爲賤人牢也"：凌本"故"，王、柯本誤作"也"。

4/1300/5 "門内六星，諸侯"《正義》"又曰理陰陽"：官本、凌本有"陰"字，與《晉志》合。王、柯本脱。

4/1302/6 "其西曲星曰钺"《正義》"一大星"：凌本"大"，王、柯本誤作"八"。

4/1303/17 "翼爲羽翮主遠客"《正義》"合軫七星"：凌本"合"，王、柯本誤作"令"。

4/1304/1 "翼爲羽翮主遠客"《正義》"四夷服"：凌本"夷"，王、柯本誤作"火"。

4/1305/3 "五潢五帝車舍"《正義》"柱倒出尤甚"：官本"倒"，各本誤作"例"。王、柯本"出"誤作"王"，"甚"誤作"其"，凌不誤。

4/1306/2 "昴曰髦頭"《正義》"昴七星爲髦頭"：凌本"七"，王、柯本誤作"一"。

4/1306/12 "三星直者，是爲衡石"："直者是"三字中統、游、柯本誤作"直是也"，王誤作"真是也"。宋、凌、毛本不誤，與《漢志》合。

4/1307/14 "二曰天苑"《正義》"天子養禽獸所"：凌本"所"，王、柯本誤作"益"。

4/1307/16 "三曰九游"《正義》"人民失業"：凌本"民"，王、柯本誤作"又"。

4/1308/2 "下有四星曰弧"《正義》"弧九星"：王、柯本"弧"誤作"狐"。

4/1317/8 "三月生天槍"《正義》"必有破國"：凌本與《晉志》合。王、柯本"國"誤作"爲"。

4/1320/12 "金在南曰牝牡"：北宋本、索隱本、凌、毛本有"曰"字，中統、游、王、柯本並脱"曰"字。

4/1321/8 "火與水合爲焠"《正義》"星經云"：凌本有"云"字，王、柯本脱。

4/1323/10 "爲八歲"：吴校元版、凌、毛本並作"八"，與上文《索隱》合。他本誤作"百"。

4/1325/8 "金居其北曰贏"《正義》"金謂太白也"：凌本"金"，王、柯本誤作"會"。

4/1331/4 "居軍不勝"：凌本"軍"，他本皆誤作"暈"。案：此與上"居軍勝"對文，《漢志》正作"軍"。

4/1342/5 "要決暑景"：中統、舊刻、游、王、柯本"要決"倒誤。

4/1350/10 "咸池"《正義》"西宫也"：王、柯本脱此三字。

《封禪書》

4/1375/2 "二淵"《正義》"二川"：王、柯本"二"誤作"三"，下同。

4/1383/6 "文帝出長門"《正義》"長門園"：王、柯本"園"誤作"國"。

4/1389/8 "汾陰脽丘"：凌、毛本"脽"，各本誤作"睢"。

4/1392/1 "祠魏脽"：北宋、凌本"脽"，他本誤作"睢"。

4/1399/9 "天子於是幸緱氏城"：王、柯本"氏"誤作"山"。

《平準書》

4/1423/1 "凡直三十余萬金"：王、柯本"三"誤作"八"。

4/1429/4 "浮食奇民"：中統、游、王、柯本"民"皆誤作"名"。

4/1438/4 "以除告緡"：北宋、凌本與《食貨志》合。各本"告"誤作"占"。

4/1439/2 "遠者三千"：北宋本、凌本"三"，與《食貨志》合。他本作"二"。

4/1441/5 "召工官"：與《食貨志》合。北宋、舊刻、王、柯、毛本"召"誤作"名"。

《魯周公世家》

5/1517/9 "無墜天之降葆命"《集解》"寶猶神也"：王、柯本"神"作"主"。《撰異》云因正文而誤。

《陳杞世家》

5/1578/14 "還過陳"：蔡、王、柯本"還"誤作"遠"。

《晉世家》

5/1674/9 "先縱囂狗名敖"：王、柯本脫"狗"字。

《楚世家》

5/1698/3 "重耳過楚"：凌本有"楚"字。

《鄭世家》

5/1769/1 "或欲還"：游、王、柯本"欲"誤作"從"。

《趙世家》

6/1788/7 "滅二卿"：王、柯本"滅"誤作"減"。

6/1794/5 "銅枓"《正義》"音斗"：王、柯本下衍"合作枓"三字,凌本無。

6/1799/12 "以與韓,韓與我長子"：王、柯本脱"韓韓與"三字。

6/1818/10 "攻王之上黨"《正義》"赵得儀沁"：王、柯本"沁"誤作"泌",下同。

6/1826/2 "王召平原君"：王、柯本"原"誤作"陵"。

《魏世家》

6/1845/7 "塞固陽"《正義》"北達銀州"：王、柯本"達"誤作"庭"。

6/1849/9 "平周"《正義》"汾州介休縣"：王、柯本"州"誤作"周"。

6/1855/13 "絳水可以灌平陽"《正義》"引此灌平陽城也"：王、柯本誤作"北"。

《田敬仲完世家》

6/1900/2 "伏式結軼東馳者"：宋、中統、游、王、柯本並脱"結軼"二字。

《孔子世家》

6/1924/12 "我豈匏瓜也哉"：宋、王、柯本"匏"誤作"瓠",注同。

6/1944/12 《正義》"十二代孫忠爲褒成侯"：王、柯本"忠"誤作"志","成"誤作"城"。

《陳涉世家》

6/1955/12 "而遣故上谷卒吏韓廣將兵徇燕地"：游、王、柯本"遣"誤作"還"。

6/1964/9 "斬木爲兵,揭竿爲旗"：王、柯本脱"爲兵揭竿"四字。

《曹相國世家》

6/2024/5　緱氏《正義》輾轅：王、柯本"輾"誤作"環"，下同。

《留侯世家》

6/2041/15　"十三州記"：凌本"三"，各本誤作"二"。

6/2043/2　徧封：王、柯本"徧"誤作"偏"。

《梁孝王世家》

6/2084/12　"與漢宦官無異"：王、柯本倒。案：疑衍"宦"字。

6/2085/7　"梁王恐"：王、柯本誤作"怨"。

6/2086/2　"三十五年冬復朝"：游、王、柯本"冬"誤作"又"。

《管晏列傳》

7/2131/7　"潁上人也"《正義》"夷吾"：王、柯本誤作"管夷"。

7/2134/8　"管仲卒"《正義》"不得此三權者"：王、柯本"權"誤作"蘿"。

《仲尼弟子列傳》

7/2203/2　"商始可與言詩矣"《集解》"包氏"：中統、游、王、柯、毛本脫"氏"字。

《商君列傳》

7/2234/14　"相鼠有體"：中統、游、柯本誤作"禮"。

《蘇秦列傳》

7/2242/15　"被山帶渭，東有關河"《正義》"有函谷"：王、柯本"函谷"誤作"幽谷"。

7/2242/15　"嶢關"：王、柯本"嶢"誤作"堯"。

7/2253/4　"呿芮"《正義》"自關東謂之麕"：王、柯本"麕"右旁誤作"戈"。

7/2256/2 "禽夫差於干遂"《正義》"禽於干遂"：王、柯本"遂"誤加土旁。

7/2267/15 "舉五千乘之大宋"《正義》"前三十餘年"：王、柯本"三"誤作"王"。

《張儀列傳》

7/2285/15 "大王不事秦"：黃、柯本脱"不"字。

7/2302/3 "立須之"：中統、游、王、柯本"須"誤作"頃"。

《王翦列傳》

7/2334/14 "取二郚四尉"《正義》"即二郚也"：王、柯本"郚"誤作"郡"。

《范雎蔡澤列傳》

7/2403/13 "危哉危哉"：王、柯本此下更衍"危哉"二字，凌無。

《屈原賈生列傳》

8/2483/8 "大破楚師於丹淅"：黃、柯本"丹淅"誤作"丹陽"。

《呂不韋列傳》

8/2507/4 "此奇貨可居"《正義》"一日山陵崩"：王、柯本脱"崩"字，下"山陵"句同。

《李斯列傳》

8/2548/6 "及幸宦者五六人"：王、柯本"宦"誤作"官"。

7/2555/7 "謂之爲桎梏"：蔡、中統、游、王、柯、毛本並脱"梏"字。

《蒙恬列傳》

8/2567/12 "復貴而用事"：蔡、王、柯本脱"用"字。

《淮陰侯列傳》

8/2618/7 "農夫莫不輟耕釋耒"：王、柯本"不"誤作"敢"。

8/2618/10 "齊必距境以自彊也"：王、柯本脫"距"字。

8/2619/12 "楚數使奇兵渡河擊趙"：王、柯本脫"使"字。

《韓信盧綰列傳》

8/2638/13 "審食其"：宋、中統、王、柯本脫"審"字。

8/2640/1 "宛朐人"《正義》"陳豨，梁人"：王、柯本脫"豨"字。

《樊酈滕灌列傳》

8/2655/11 "從擊秦車騎壤東"：凌本"車"，與《漢書》合。各本作"軍"。

8/2657/12 "綦毋卬"：毛本"卬"誤作"卭"，中統、游、王、柯本誤作"卯"。

8/2668/6 "軍定陶南"：王、柯本"定"誤作"走"。

《劉敬叔孫通列傳》

8/2726/11 "非一木之枝也"：宋、中統、游、柯、毛本脫"也"字。

《袁盎鼂錯列傳》

8/2743/3 "有從史嘗盜愛盎侍兒"：宋、中統、游、王、柯、毛本並重"從史"二字，衍。凌本不誤。

《萬石張叔列傳》

9/2772/2 "常衣敝補衣溺袴"：宋、中統、游、王、柯、毛本"常"誤作"裳"。

《田叔列傳》

9/2776/15 "士爭臨城死敵"：王、柯本"敵"誤作"敝"。

《扁鵲倉公列傳》

9/2792/10　"以更熨兩脅下"：王、柯本"脅"誤作"臍"。

9/2798/1　"後八日嘔膿死"《正義》"女東反"：王、柯本"反"誤作"也"。

《吳王濞列傳》

9/2833/6　"比至城陽"：宋、中統、舊刻、游、王、柯、毛本"城陽"誤倒。

9/2833/6　"破城陽中軍"：宋、中統、舊刻、柯、毛本"城陽"誤倒。游、王本誤作"蕩城"。

《匈奴列傳》

9/2884/13　"大荔"《正義》"括地志云"：王、柯本脫"云"字。

9/2892/8　"祭其先"：游、王、柯本"祭"誤作"登"。

9/2908/14　"擊匈奴左賢王"：凌本"左"，各本作"右"，誤。

9/2909/8　"金人即今佛像"：王、柯本"今"誤作"金"。

9/2910/12　《正義》"私募從者"：王、柯本誤作"慕"。

9/2914/2　"漢又西通月氏大夏"《正義》"過大宛西"：王、柯本"宛西"誤作"蔻而"。

9/2915/6　"漢使貳師將軍"：宋、中統、游、王、柯本"貳"誤作"二"。

9/2916/13　"築居延澤上"《正義》"一千五百三十里"：凌本有"一"字，各本脫。

《衛將軍驃騎列傳》

9/2927/11　"見急"：中統、游、王、柯本誤作"擊"。

9/2940/14　"長平侯伉代侯"：王、柯本脫"伉"字。案："長平"疑當作"宜春"。

9/2941/4 "侯千三百户"：凌本與《漢書》合。宋、中統、王、柯、毛本"侯"作"二"，游本作"三"，皆誤。

《平津侯主父列傳》

9/2963/10 "未有若故丞相平津侯公孫弘者也"：游、王、柯本"故"誤作"效"。

9/2964/2 "牛酒雜帛"：游、王、柯本"雜"誤作"羅"。

9/2964/2 "竟以善終于相位"：游、王、柯本"于"誤作"至"。

《南越列傳》

9/2971/6 "且先王昔言"：王、柯本誤作"生"。

《司馬相如列傳》

9/3007/16 "瓃瑂"《正義》"可以飾器物也"：王、柯本"飾"誤作"節"。

9/3015/4 "傍偟乎海外"：王、柯本、吳校宋版無此句。

9/3016/6 "郭璞云"：王、柯本脱"璞"字。

9/3021/7 "捷鰭"《正義》"魚背上鬣也"：王、柯本"鬣"誤作"鱐"。

9/3022/14 "專結縷"：中統、游、王、柯、毛本"專"誤作"専"。

9/3024/4 "掩以綠蕙"《正義》"菉一名王蒭"：王、柯本"菉"誤作"葉"。

9/3033/12 "靡雲旗"《正義》"畫熊虎於旌似雲氣也"：王、柯本"熊虎"誤作"能於"。

9/3042/16 "坐清廟"《正義》"王者朝諸侯之處"：王、柯本脱"諸"字。

9/3054/14 "家累千金"：蔡、中統、游、王、柯、毛本下並有"者"字。凌本無，與《漢書》、《文選》合。

9/3059/4 "橫厲飛泉以正東"《正義》"飛泉"：王、柯本倒。

9/3059/6 "使五帝先導兮"《正義》"五時"：王、柯本"時"誤作"時"。

9/3070/12 "氾專濩之"：舊刻"氾"誤作"我"。中統、游、王、柯本"專"誤作"專"。

《淮南衡山列傳》

10/3091/1 "於是王乃令官奴入宮"：王、柯本"宮"誤作"官"。

10/3095/7 "壞人冢以爲田"：蔡、中統、游、王、柯本"冢"誤作"家"。

《酷吏列傳》

10/3140/2 "亭疑法"《集解》"均也"：中統、王、柯、毛本無此二字。

10/3146/6 "孔暴之屬"《集解》"孔暴二姓"：中統、游、王、柯、毛本"二"誤作"三"。

10/3149/12 "盜賊惡少年投缿"：王、柯本"缿"誤作"鉗"。

《游俠列傳》

10/3187/14 "及徙豪富茂陵也"：中統、王、柯本"及"誤作"又"。

《滑稽列傳》

10/3206/9 "得士者彊，失士者亡"：王、柯本脫"彊失士者"四字。

《日者列傳》

10/3215/11 "誦《易》先王聖人之道"：王、柯本"王"誤作"生"。

10/3219/6 "積之無委聚"：王、柯本脫"聚"字。

10/3219/7 "子何故而云不可卜哉"：王、柯本脫"可"字。

《龜策列傳》

10/3230/13 "欲嘔去也"：游、王、柯本"欲"誤作"卻"。

10/3238/13 “正月”《正義》“爲十二月”：王、柯本脱誤作“十二月”爲“十日”二字。

10/3241/7 “卜擊盗聚若干人”：南宋、王、柯本“擊”誤作“繫”。

10/3248/4 “横吉内外相應”：南宋、中統、游、王、柯、毛本脱“應”字。

10/3249/15 “此狐狢以卜有求不得”：中統、游、王、柯、毛本“卜有”誤倒。

10/3250/12 “卜輕失大”：王、柯本“卜”誤作“十”。

《貨殖列傳》

10/3259/13 《集解》“孔叢子曰”：南宋、中統、王、柯、毛本無“子”字。

（2）柯本的其他誤刻，《史記評林》已校正。

《殷本紀》

1/108/14 “封紂子”：“紂”字宋、王、毛本並錯在上句封比干之墓“封”字下，中統、游、柯本並脱。凌本不誤。

《項羽本紀》

1/312/13 “與飲”：柯本“與”作“舉”，凌、殿本作“與”。

《孝武本紀》

2/456/13 “泰一佐曰五帝”《正義》“黄帝名神斗”：“斗”，王本“汗”，柯本作“汙”，皆“汁”之譌，而“汁”又“斗”之譌也。

2/484/13 “天子既令设祠具”：柯本“祠”誤作“詞”，凌本不誤。

《十二諸侯年表》

2/598/4/2 齊昭公六“狄侵我”：柯本脱“我”字。

2/629/13/2 “兵次洀上”：“洀”字王誤作“汯”，柯本誤作“泫”。

《六國年表》

2/752/2/5 五秦拔我垣蒲陽衍：游本作“垣衍蒲陽”，柯本同，脱“垣”字。王本此七字並脱，凌本不誤。

《秦楚之際月表》

3/789/11/2 三年十月：柯本“三”誤作“二”，凌本不誤。

《高祖功臣侯者年表》

3/892/6/1 孝文格“煬侯遺”：王本誤作“逌”，柯本誤作“逪”。

3/921/2/3 宣曲侯功格“以卒從起留”：柯本“留”誤作“畱”。

3/971/2/1 侯功格“屬魏豹，豹反”：柯本“豹”字不重。

《建元以來侯者年表》

3/1041/2/1 “匈河”：王本“河”誤作“何”，“匈”下衍“奴”字。柯本譌作“匈奴何”。

3/1062/2/5 扶陽“爲博士”：中統、游本脱“爲”字。柯本“博”誤作“將”。

《漢興以來將相名臣年表》

3/1136/4/2 元朔元年將位格“韓安國爲將屯將軍，軍代”：下“軍”字柯本誤作“車”。

《天官書》

4/1297/15 “曰南門”《正義》“南門二星”：柯本“二”誤作“三”。

4/1306/15 “下有四星曰弧”：柯本“四”誤作“曰”。

4/1313/15 “以三月與營室、東壁晨出”：柯本“三”誤作“二”。

4/1323/14 “高，遠日，曰大相”：吳校元板與凌本同。中統、游、王本脱“曰”字，柯本脱“日”字。

《封禪書》

4/1367/10 "莫知起時"：柯本"時"誤作"身"。

4/1378/7 "故秦祝官"：柯本脫"故"字。

《平準書》

4/1420/6 "無限度"：柯本脫"度"字。

4/1421/15 "都內"：游、柯本"都"誤作"郡"。

4/1439/10 "輒助縣官之用"：柯本脫"助"字。

《陳杞世家》

5/1580/14 "立留爲太子"：柯本"立"誤作"亡"。

《楚世家》

5/1722/13 "盟齧桑"：柯本脫"盟"字。

5/1725/3 "楚不宜敢取儀"：柯本"儀"誤作"秦"。

5/1731/2 "負海內而處"：柯本脫"而處"二字。

5/1734/6 "詘楚之名"：柯本誤作"子"。

《越王句踐世家》

5/1752/7 "在陶爲朱公"：柯本脫"在"字。

《田敬仲完世家》

6/1901/14 "子建立"：柯本"建"誤作"楚"。

《孔子世家》

6/1907/16 "誠其嗣"：柯本"誠"誤作"誠"。

《陳涉世家》

6/1950/6 "乃行卜"：柯本誤作"上"。

6/1961/13 "刑法"：宋、柯本"刑"作"形"。

《蕭相國世家》

6/2019/1 "入，徒跣謝"：柯本"入"誤作"又"。

《三王世家》

6/2110/5 "請立皇子臣閎等爲諸侯王"：柯本"閎"誤作"閼"。

《平原君虞卿列傳》

7/2369/3 "後宮舁百數"：柯本"舁"作"臣"，譌。

《范睢蔡澤列傳》

7/2407/7 "卒興吳國"：柯本"興"誤作"與"。

《萬石張叔列傳》

9/2770/13 "朝廷見"：柯本"廷"誤作"延"。

《田叔列傳》

9/2776/1 "卒私相與謀弒上"：柯本"弒"誤作"我"。

《吳王濞列傳》

9/2828/5 人雖少：柯本"人"上衍"寡"字。

《匈奴列傳》

9/2893/14 《索隱》"接習水"：中統、柯本"習"誤作"閒"。

《司馬相如列傳》

9/3034/6 "生貔豹"：柯本"豹"誤作"豿"。

9/3072/8 "舜在假典"：柯本"在"誤作"尤"。

《游俠列傳》

10/3183/10 "士不虛附"：中統、游、柯本誤作"俯"。

《滑稽列傳》

10/3204/10 "乃下詔止無徙乳母"：柯本"徙"誤作"徒"。

《龜策列傳》

10/3238/11 "首仰"：柯本脱二字。

《貨殖列傳》

10/3260/1 《正義》"深一尺許坑"：柯本"坑"誤作"以"。

《太史公自序》

10/3309/11 "實賓南海"：王本脱"賓"字。柯本作"居"，"居南"小字雙行補入。

2. 《史記評林》誤刻之處

同時，凌本也不可避免地存在着一些譌誤，歸納起來主要有以下幾種情況，一是屬於黃善夫本——柯本——凌本同一系統的錯誤(前已舉例)，柯本、凌本都没有校正，以此類錯誤最多。二是黃善夫本不誤，柯本誤刻，凌本沿誤未校正(前已舉例)。三是黃本、柯本不誤，凌本因學力有限誤改或時間倉促誤刻，今舉例如下：

《五帝本紀》

1/38/15 "嗟然"：凌本倒誤。

《項羽本紀》

1/297/16 "愶伏"《索隱》"讋失氣也"："讋"，凌本徑依正文改"愶"，非。

《孝武本紀》

2/480/2 "西河"：凌本倒誤。

《十二諸侯年表》

2/524/4/4 "齊成公説"：凌本脱"齊成"二字。

2/608/4/2 齊昭公二十"是爲懿公"：凌本脱"公"字。

2/660/7/1 楚平王十三"秦女子立"：毛本有"立"字。凌本"女"誤作"太"。

2/671/15/3 吳王夫差二"伐越"：凌本"越"誤作"趙"。

《六國年表》

2/709/8/1 齊宣四十九"取冊"：王本作"毋"，毛作"母"，柯、凌本作"丹陽"，皆誤。

2/709/6/5 楚聲五"魏、韓"：凌本誤倒。

2/732/3/1 魏哀二"齊敗我觀澤"：凌本"澤"誤作"津"。

2/742/6/4 楚頃襄二十二"秦拔我巫、黔中"：凌本誤入燕表。

《秦楚之際月表》

3/779/1/2 義帝三：凌本脱"三"字。

3/789/4/2 共敖二十二：凌本此以下四格皆誤入下一格。

3/789/7/2 趙歇四十八"漢滅歇"：各本下衍"立張耳"三字，凌本又衍"屬漢爲郡"四字，乃後表誤入也。

3/792/8/4 田廣二十一"漢將韓信擊殺廣"：凌本下有"屬漢爲郡"四字，蓋即後表誤衍。

《惠景閒侯者年表》

3/1010/6/2 紅孝景格"三年四月"：凌本誤作"元年"。

3/1018/2/1 山陽侯功格"户千一百一十四"：凌本脱"四"字。

《建元以來侯者年表》

3/1030/2/3 岸頭侯功格"車騎將軍青"："青"字凌本脱。

《漢興以來將相名臣年表》

3/1138/2/1 元狩二：凌本脱"二"字。

3/1142/4/2 四將位格：此格文凌本誤入下格。

3/1147/3/3 三相位格"還皆"：凌本誤作"遷延"。

《吴太伯世家》

5/1457/13 "無邑無政"：凌本作"與政"，涉上而誤。

《魯周公世家》

5/1532/16 "命牙待於鍼巫氏"《集解》: 凌本誤題"《集解》"爲"《正義》",又脱"杜預曰"三字。

《宋微子世家》

5/1616/15 "僭忒"《集解》: 凌本脱。

《晉世家》

5/1666/17 "虎賁三百人": 凌本"百"誤作"千"。

5/1685/11 "三十一年": 凌本脱"三"字。

《鄭世家》

5/1765/13 "又怨": 凌本誤作"恐"。

《趙世家》

6/1794/1 "伯魯": 凌本誤倒。

6/1799/11 "魏敗我藺": 凌本"魏"誤作"衛"。

6/1809/2 "賢聖": 凌本倒。

6/1817/9 "實而": 凌本倒。

6/1825/4 "財王所以賜吏民": "財"凌本誤作"聽"。

《魏世家》

6/1848/9 "焦曲沃"《正義》"古虢": 凌本誤作"號",王、柯本誤作"号"。

6/1858/5 "冥阨"《集解》: 此注十九字凌本誤混入上下《正義》。

6/1858/15 "葉陽": 凌本誤作"縣"。

6/1859/4 "邢丘"《集解》: 此注六字凌本誤混入上下《正義》中。

《曹相國世家》

6/2023/1 "亢父"《索隱》: 凌本誤混入《正義》。

6/2025/10 "雝藜"《索隱》：凌本誤混入《正義》。

《留侯世家》

6/2040/9 "度能制桀"：凌本"能"誤作"其"。

6/2047/11 "矰繳"《集解》"韋昭"：凌本誤作"徐廣"。

《絳侯周勃世家》

6/2070/15 "定上谷十二縣"：凌本"二"誤作"一"。

《梁孝王世家》

6/2084/10 "迎梁王於關下"：凌本"關"誤作"闕"。

《老子韓非列傳》

7/2139/8 "晝夜"：凌本"晝"誤作"畫"。

《孫子吳起列傳》

7/2167/1 "大河"，凌、毛本"大"誤作"太"。

《伍子胥列傳》

7/2179/1 "遂威鄒魯"：凌本"威"誤作"滅"。

《仲尼弟子列傳》

7/2204/8 "陳蔡閒困"：北宋、凌本誤作"因"。

《張儀列傳》

7/2280/15 "此在吾術中"：凌本"在吾"倒。

《白起王翦列傳》

7/2336/12 "割韓垣雍"《集解》、《正義》：凌本並脫。

7/2337/1 "破秦軍"：凌本誤作"兵"。

《孟子荀卿列傳》

7/2347/4 "管晏"：凌本"晏"誤作"嬰"。

《屈原賈生列傳》

8/2483/8 "大破楚師於丹淅"：索隱本、凌、毛本並誤作"淛"，注同。

《張耳陳餘列傳》

8/2577/14 "石邑"：凌本"石"誤作"后"。

《韓信盧綰列傳》

8/2639/12 "封豨爲列侯"：凌本"列"誤作"烈"。

《樊酈滕灌列傳》

8/2654/5 "亞父"：凌本"父"誤作"夫"。

《匈奴列傳》

9/2905/11 《集解》：凌本脫。

9/2913/6 "西置"：凌本誤作"至"。

《衛將軍驃騎列傳》

9/2938/15 "大司馬"《集解》：凌本脫。

9/2944/4 "後三歲"：柯本"後三"作小字注，凌本脫"後"字。

《南越列傳》

9/2970/10 "使人朝請"：凌本"人"誤作"入"。

《司馬相如列傳》

9/3010/9 "蛩距虛"《集解》"似馬而色青"：柯本作"似馬而青"，空一字。凌本補"色"字，作"似馬色而青"亦誤。

《淮南衡山列傳》

10/3079/15 "今復之"：凌本"今"誤作"令"。

10/3097/9 "又疑太子"：凌本誤作"擬"。

《循吏列傳》

10/3100/4 "今市令"：凌本"今"誤作"令"。

《汲鄭列傳》

10/3112/3 "張羽"凌本誤作"禹"。

《酷吏列傳》

10/3151/13 "其後小吏"：凌本脱"後"字。

《佞幸列傳》

10/3193/1 "南安"《集解》：凌本脱。

10/3193/2 "濯船"《索隱》：凌本脱。

10/3193/5 "衣裂"《集解》：凌本脱。

10/3193/6 "覺"《索隱》：凌本脱。

《滑稽列傳》

10/3208/4 "余吾"：凌本"余"誤作"於"。

10/3212/4 "十人所"：凌本"十"誤作"千"。

《龜策列傳》

10/3226/14 "必見其光"：游、王、凌本"必"誤作"之"。

10/3226/14 "故玉處於山而木潤"：凌本誤作"出"。

10/3238/15 "首仰"《正義》：凌本混入"《索隱》"。

《太史公自序》

10/3295/2 "漢末陳蕃"：此下凌本删，蓋以與《索隱》複。

尚有其他類型，如柯本原誤、凌本又誤改的。如：

《秦始皇本紀》

1/250/14 "不怠"《索隱》"亦以怠與臺爲韻"：案怠、來、災、之爲韻，無"臺"字，"臺"，凌本改作"時"，亦誤。

《絳侯周勃世家》

6/2079/10 "縣官"《索隱》"夏官"：各本誤作"夏家"，凌本改作"夏者"，亦誤。

《三王世家》

6/2108/9 "白牡"《集解》"白牡"：各本誤作"牲"，凌本改作"牝"，亦誤。

此外，《評林》本還間有將旁注誤作夾注的，如《周本紀》"膺更大命"下有夾注："監本作受"、《秦本紀》"臣子與往"下有夾注："臣監本作吾"。這也是校勘不夠精到之證。又間有將三家注誤刻在上欄的，如《高祖本紀》"泰山若厲"《集解》，柯本脱，凌本刻於上欄，或爲後來所補。又間有正文竄入注文的，如《張耳陳餘列傳》"身無可擊者"，凌本"身"字竄入上"刺剟"之《索隱》"《説文》云'燒也'"之"燒"字下。

另一方面，有些史文，因沒有版本支持，凌氏並未校正其譌誤，但在上欄或旁注中作出了正確的判斷。如《天官書》"國以静"，上欄："按《漢記》國作圖，是。"今中華本即作"圖"。又如《天官書》"立侯王指量若曰殺將"，上欄："按《天文志》、《漢書》'指量'俱作'破軍'。"中華本今即作"立侯王破軍殺將"。又如《封禪書》"置酒壽宮神君"，上欄："按置酒壽宮，《武帝紀》無酒字爲當。"今中華本即無"酒"字。《韓王信盧綰列傳》8/2640/8 "自立爲大王"，旁注："《漢書》作代王，是。"中華本今即作"代王"。

分析凌本與底本的相異之處，以及凌氏輯録的大量異文，不難看出，凌氏確實是做了一番認真仔細的校勘功夫。凌氏雖家有書坊，世代刻書，但其身份並非普通的書商，他費十餘年時間輯成《史記評林》刊刻，其中有繼成先志的責任感，也有成一家言以傳世的雄心壯志，這與明代書坊單純爲射利而粗製濫造有着本質的區別。同時，也毋庸諱言，《評林》本在文字上的確又存在一些問題。究其原因，一是與明代衆多學者相似，凌氏畢竟個人學力有限，在遍校諸本的過程中，有時底本有誤，而他本正確，凌本未能改正，僅列了異文；有時又有錯據譌本，將底本誤改。二是此書輯成之後，知識界需求非常強烈，假借鈔閲不斷，凌氏疲于應付，急於付梓刊行，時間倉促。《史記》本身又卷帙浩繁，再加上輯録的諸多評論材料，工作量巨大，刻工誤刻之處有時未能及時校正，便不免留下一些校勘不精之處，《評林》本的文字也就瑕瑜互見，貽人口實。後世評論者着眼點不同，有稱其爲"此本之可取在正文及注校刻不苟"（《書目答問》），有稱其"刊刻時校讐不精，錯誤較多"①，也就不足爲怪了。其實《史記》版刻史上任何一個本子，倘若仔細查究，總可以舉出若干譌誤。但評價一個版本的價值，還要看它在《史記》版本演變的過程中，究竟對之前版本有多少揚棄，它選擇了一個什麼樣的底本，校正了底本多少譌誤，又有多少成果爲後世的版本所吸收。就這個角度而言，《評林》本在《史記》版本史上無疑是有較高的地位的。

第九節　《史記評林》的影響

《史記評林》問世後，深受歡迎，翻刻不斷，對當時學術界産生了不小的影響。受《評林》本的啓發，在它風行二三十年後，又有若干評林類《史記》問世，影響較大的主要有以下幾種：

1.《史記輯評》二十四卷，明鄧以贊輯評，陳祖苞參補，朱日燦校閲，萬曆四十六年（1618）刊本。九行，十八字，白口，四周雙邊，

---

① 賀次君《史記志疑·點校説明》。

單白魚尾。中國社會科學院文學所等藏。上圖另藏一本，有清蔣
杲校。

2.《史記集解索隱正義》一百三十卷，明鍾惺輯評，天啓五年
(1625)刊本。十行，二十字，小字雙行同，白口，四周單邊，單魚尾。
南京圖書館等藏。

3.《史記》一百三十卷，明鍾人傑輯評，萬曆刻本，九行，二十
字，小字雙行同，白口，四周單邊。南京圖書館等藏，上圖另藏有清
傅山批本。

4.《史記》一百三十卷（又稱《史記測議》），明徐孚遠、陳子龍
測議，明崇禎十三年刻本，九行，二十字，小字雙行同，白口，左右雙
邊。南京圖書館等藏。按此書爲徐、陳二人翻刻凌本，"間附論識"
而成。

5.《史記評林》一百三十卷《難字直音》一卷，明凌稚隆輯，陳
仁錫評，明崇禎程正揆刻，清懷德堂重修本。李文藻、沈廷芳錄清
方苞、沈淑園批校，十行，二十字，白口，左右雙邊。山東省圖書館
藏。又，山東省圖書館另藏有此書明崇禎刻、清書業堂重修本，有
清鞠濂批校，王延年跋。

6.《新刻李太史釋注史記三注評林》六卷，明趙志皋選輯，李
廷機注釋，葉向高評林，明書林詹聖澤刻本，九行二十字，白口，四
周雙邊。清華大學圖書館等藏。

7.《新鋟朱狀元芸窗匯輯百大家評注史記品粹》十卷，明朱之
蕃輯評，明萬曆書林余象斗刻本，九行，十九字，小字雙行同，上白
口，下大黑口。中國科學院圖書館等藏。

8.《史記》一百三十卷（又稱《史記集評善本》），明朱東觀輯
評，明末玉夏齋刻本，九行十九字，白口，四周單邊。興化市圖書館

等藏。上圖有清顧炳批校本。

9.《史記》一百三十卷（又稱《史記匯評》），明葛鼎、金蟠匯評，明崇禎十年金閭寶善堂葛氏刻本，九行二十五字，白口，四周單邊。清華大學圖書館等藏。

10.《史記》一百三十卷，明鄒德沛輯評，明崇禎十三年酣古齋刻本，九行，二十六字，白口，四周單邊。揚州市圖書館藏。

11.《史記》一百三十卷，明黃嘉惠輯評，明黃嘉惠刻本，九行，二十字，小字雙行同，白口，左右雙邊。浙江圖書館等藏。

《評林》本的另一重要影響是，它的盛行，也間接地促進了評點小說的發展和興盛。"小說評點萌生於明代萬曆年間，興盛於明末清初，是中國傳統的評點形式在小說領域的延伸"①，這個時間，恰恰與《評林》本問世、流行的時段驚人的一致。評點作爲中國古代文學批評的一種重要形式，其對象不管是針對詩歌、散文、戲曲、小說，形式都不離序跋、讀法、眉批、旁批、夾批、總批、圈點等，其源頭是古代典籍的注釋、對史著體例的闡釋及文學作品的選評。從歷史發展的軌跡看，可謂源遠流長，自《毛詩》、王逸《楚辭章句》的小序，下至唐代《河岳英靈集》、《中興間氣集》中的詩歌評點，至南宋時，呂祖謙《古文關鍵》、樓昉《崇文古訣》、真德秀《文章正宗》、謝枋得《文章軌跡》、劉辰翁《班馬異同評》，體現了詩文批評的風行的態勢。明代中葉後，唐順之、茅坤選評《唐宋八大家文鈔》，楊慎選評《風》、《雅》，鍾惺、譚元春編撰《古詩歸》、《唐詩歸》出，而評點文學風潮大行，《評林》本即此潮流的產物，它的盛行，也在一定程度上爲評點小說的興盛起到了推波助瀾的作用。由《史記評林》（1576

① 譚帆《中國小說評點研究》，6頁。

年），至《三國志傳》（余象斗，1592 年），再至《水滸志傳評林》（余象斗，1594 年）、《列國志傳評林》（余象斗，1606），再至《李卓吾先生批評水滸傳》（1610 年）、《李卓吾先生批評西游記》（約 1620 年後），再至《古今小説》（馮夢龍，約 1620 年後）、《警世通言》（馮夢龍，1624 年）、《醒世恒言》（馮夢龍，1627 年），幾十年間，由正史之評林向通俗歷史演義之評林，再至一般通俗小説評點本，其中演變的痕跡，可謂清晰可辨。

此外，《評林》本還有其他一些特點，對後世也有較大的影響。如《評林》本是第一個施加標點的《史記》版本，施加標點不僅方便讀者閱讀，對於文義的理解也很有幫助。這對後來的一些標點本，起到了示範、參考的作用。

第十節　《史記評林》的研究利用情況

《史記評林》誕生之後，因輯録大量評論資料及校勘相對精細而廣受好評，風靡學界，很快便有李光縉的增補本，以及大量模仿著作，而真正對其進行校勘、研究和利用，則是明末常熟毛氏汲古閣刊《史記集解》以《評林》本參校、乾隆年間校刻殿本《史記》以《評林》本參校、梁玉繩撰《史記志疑》校正《評林》本，錢泰吉校以《評林》爲底本校諸本，以及同治年間校刻金陵書局本《史記》以《評林》本參校。

1. 毛晉校刻《史記集解》

明崇禎十四年（1641），常熟毛晉汲古閣校刻了《史記集解》一

百三十卷,其中以《評林》本作爲重要的參校本,也吸收了《評林》本的部分成果,如:

2/723/2/3　十三初爲縣:凌、毛有"縣"字,他本脱。

3/836/4/1　衡山淮南屬王子故安陽侯:"淮南"九字各本並誤入下年,凌、毛本不誤。

3/850/6/2　六城陽三十三薨:凌、毛有"薨"字,他本脱。

3/867/19/3　復置清河國:"國",各本並誤作"郡"。凌、毛不誤。

3/946/6/2　孝文格恭侯奴:凌、毛有"侯"字,他本脱。

3/966/2/2　從至陳:蔡、凌、毛同。他本"從"誤作"坐"。

3/971/2/1　以太原尉:凌、毛有"以"字,他本脱。

3/993/4/2　建陵高后九月:"九月"上各本並衍"高后八年"四字,凌、毛無。

4/1300/5　理陰陽:官本、凌本有"陰"字,與《晉志》合。王、柯等脱。

4/1389/8　脽丘:凌、毛"脽",各本誤作"睢"。

當然,毛本也有沿凌本之誤者,如 6/1870/14《韓世家》"殉韓":凌、毛"殉"誤作"徇"。10/3240/14《龜策列傳》"不如":凌、毛本"如"誤作"知"。

7/2167/1《孫子吴起列傳》"大河",凌、毛本"大"誤作"太"。

2. 武英殿校刊《史記》

清乾隆四年(1739),武英殿重刻《二十一史》,《史記》即於此年先成。其中一個重要的校本,即《史記評林》本。校刻過程中,曾仿

前刊《十三經注疏》之例，列其異同，校勘譌脫，考辨史實，撰有《考
證》，附於各卷之末。其中提及"凌稚隆曰"多次，有引述凌氏有關
史文校勘的考證的，也有引述凌氏有關史文理解的，今列如下：

卷六考證：葬車里康景。○凌稚隆曰："康景"二字疑衍，或下
有闕文。按《秦紀》及此紀，無僖公，疑即景公也。

卷八考證：十月，燕王臧荼反。○凌稚隆曰："十月"字疑誤。
高祖用秦正，十月後事當屬次年。

卷七十五考證：孟嘗君不悅。○凌稚隆曰：按《國策》"無以爲
家"下云"左右皆惡之，以爲貪而不知足。孟嘗君問：'馮公有親
乎？'對曰：'有老母。'孟嘗君使人給其食用，無使乏。於是馮驩不
復歌。"《史記》以"左右惡之"爲"孟嘗君不悅"，似誤。

卷七十九考證：令馬服子代廉頗將。《索隱》：馬服子，趙括之
號也。○凌稚隆曰：馬服君之子，故曰馬服子，《索隱》非。

卷八十四考證：及孝文崩，孝武皇帝立，舉賈生之孫二人至郡
守，而賈嘉最好學，世其家，與余通書，至孝昭時列爲九卿。○凌稚
隆曰：按馬遷卒於漢武末年，此言賈嘉至孝昭時列爲九卿，此句蓋
後人所增。

卷八十九考證：恐天下解也。《正義》：解，紀賣反。言天下諸
侯見陳勝稱王王陳，皆懈惰不相從也。○凌稚隆曰：按《漢書》注，
解謂離散其心也。

卷九十五考證：《樊酈滕灌列傳》：從攻圍東郡守尉於成武。
○凌稚隆曰：按《漢書》，"從攻圍"作"從攻圉"，注："圉，地名。"

從擊秦車騎壤東。○凌稚隆曰：一本車作軍。

卷一百二考證：下廷尉，廷尉治。○凌稚隆曰：一本無重"廷
尉"字。

卷一百九考證：貳師將軍李廣利將三萬騎擊匈奴右賢王於祁連天山。〇凌稚隆曰：一本王下無“於”字。

卷一百一十一考證：誅全甲。〇凌稚隆曰：按《漢書》：霍去病合短兵鏖臯蘭下，殺折蘭王，斬盧胡王銳悍者誅全甲獲醜執渾邪王子。師古注：全甲謂軍中之甲不喪失也。今《史記》於“短兵”下無“鏖臯蘭”下一句，於“斬盧胡王”下卻言“誅全甲”，殊不可解，蓋傳寫之誤也。徐廣注曰：“全一作金”，因其誤而注之耳。

仍與之勞。〇凌稚隆曰：按“仍與”《漢書》作“仍興”，注：“重興軍旅之勞也。”

卷一百一十二考證：始之盛也。〇凌稚隆曰：一本始作治。

卷一百一十五考證：《朝鮮列傳》：朝鮮相路人相韓陰尼谿相參將軍王唊。《集解》：《漢書音義》曰：凡五人也。〇凌稚隆曰：按師古云：相路人一，相韓陰二，尼谿相參三，將軍王唊四，應氏云五人，誤也。

卷一百一十七考證：逖聽者風聲《索隱》：風聲，風雅之聲，以言聽遠古之事，則著在風雅之聲也。〇凌稚隆曰：言風聲，見其遠也。《索隱》言“風雅之聲”，謬。

卷一百二十二考證：失之旁郡國梨求。〇凌稚隆曰：“梨求”《漢書》作“追求”。

卷一百二十三考證：《大宛列傳》：爲發導驛，抵康居。〇凌稚隆曰：按“導驛”二字，觀後書“烏孫發導譯，送騫還”，則此“驛”亦當作“譯”。

卷一百二十六考證：齊王太后薨。昔者齊王使淳于髡獻鵠於楚。〇凌稚隆曰：按此淳于髡事，誤入於此。

卷一百二十七考證：《日者列傳》〇凌稚隆曰：呂東萊考訂云：

此太史公所作。劉辰翁云：觀其辨肆淺深，亦豈褚生所能？

　　卷一百二十九考證：天下壤壤。○凌稚隆曰：按壤、穰通用。《鹽鐵論》此語作“穰穰”。

　　卷一百三十考證：壯有溉。○凌稚隆曰：以上文長孺推之，則下“壯”字疑當作“莊”，此鄭名也。“溉”字下又疑有闕文。

　　除了以《評林》本參校外，還大量引用了《評林》本上欄所輯錄的諸家評論材料作爲校勘之參考，如引用余有丁、何孟春、歸有光、董份、王世貞、王鏊、王維禎、唐順之等諸家之説甚多。可見，殿本《史記》的校勘，《評林》本發揮了較大作用。同時，需要説明的是，王永吉曾指出，“《考證》中屢引‘李光縉曰’，又其所引諸家之説亦有衹見於李氏增補本而凌氏自刻本不載者，可知《考證》見李光縉增補本《評林》”①。

3. 梁玉繩撰《史記志疑》

　　清乾隆四十八年（1783），著名學者梁玉繩積二十年之力，完成了《史記志疑》三十六卷。梁氏認爲《史記》“百十三篇中，愆違疏略，觸處滋疑，加以非才删續，使金鏐罔別，鏡璞不完”（《史記志疑·自序》），有必要進行匡謬正疵、探本溯源的工作，其工作底本即《史記評林》。而選擇《評林》本的原因，是“《史記》刻本甚衆，頗有異同，世盛行明吳興凌稚隆《評林》，所謂湖本也，故據以爲説”（《史記志疑·自序》）。當然，後世對凌氏選擇這個本子，頗不以爲然，如賀次君認爲：“這個本子（凌本）重在評論，于史文卻不甚注

---

　　①　王永吉《史記殿本研究》，15 頁。

意,刊刻時校雖不精,錯誤較多,其中許多錯誤並無版本的因襲
關係。梁氏少有用其他版本與湖本比較,凡是湖本自誤的,大都
歸咎於《史記》本身,一一疑而辨之。"(《史記志疑點校説明》)賀
氏之説有一定道理,但梁氏之所以選擇湖本,除了此版本易得之
外,也許更因爲其在明末至清初間,傳布最廣,受衆最多,影響最
大,凌本的謬誤,誤導讀者最鉅,尤有必要進行訂誤、校正。也正
是梁氏"專精畢力,據《經》、《傳》以駁乖違,參班、荀以究同異,凡
文字之傳謬,注解之傅會,一一析而辯之",使得《評林》得到一次
徹底的重新整理,從這個意義上説,梁氏是《史記》功臣,更是《評
林》之功臣。

4. 錢泰吉校《史記評林》

梁氏的訂誤工作,加之清代學者學風的轉變,《評林》本似漸漸
失去吸引力,其文字上的不足更爲人知,矯枉過正,以至影響了對
它的基本評價。對此,錢泰吉曾有評論云:"《史記》明刻本《集解》、
《索隱》、《正義》皆備者,以震澤王氏、莆田柯氏本爲善本。《評林》
本吳興凌稚隆刻,藏書家不甚以爲重,今以乾隆四年殿本校勘,乃
知勝明監本多矣,《凡例》言以宋本與汪本當即柯本詳對,非虛語
也。梁曜北先生撰《史記志疑》,亦以湖本爲據。"(《甘泉鄉人稿》卷
五)又云:"凌氏謂以宋本與汪本(即柯本)字字核詳對,不誣也。"
"錢泰吉,號警石,曾就明凌稚隆所輯《史記評林》,于道光廿一年
(1841)、廿二年、廿八年三次詳加校勘。他校過的本子達十一種之
多,即元初中統本、明游明本、正德本、南雍本、汪諒本、震澤王氏
本、秦藩本、汲古閣本、清文瀾閣本、武英殿本、葉石君(樹廉)校注

本。錢用功甚勤,對《史記》的版本貢獻甚大。"①錢氏校本今藏上海圖書館,部分跋收入《甘泉鄉人稿》,後莫友芝、周學濬等又曾過錄錢氏校勘記,而張文虎《札記》中亦曾多所參照。錢氏之言,可謂信而有徵,足爲《評林》本平反。

5. 金陵書局校刊《史記》

同治五年至九年(1866—1870),由唐仁壽、張文虎校刻了金陵書局本《史記集解索隱正義》一百三十卷,其中一個重要的參校本即《史記評林》,《札記》卷一卷首所列凌本介紹云:"明吳興凌稚隆刻本:有《集解》、《索隱》、《正義》,云以宋本與汪本字字詳對,有不合者,又以他善本參之。"並將《評林》本的諸多異文寫入《校刊史記集解索隱正義札記》中,其中吸取《評林》本優點、據《評林》本校正史文處甚多,《札記》中多次云"今依(從)凌本"之類,可證,如:

1/108/14《殷本紀》封紂子:"紂"字宋本、王本、毛本並錯在上句封比干之墓"封"字下,今從凌本。中統、游、柯並脱。

1/150/12《周本紀》魯城:下復衍"城"字,依柯、凌删。

2/722/3/3《六國年表》魏惠王十八齊敗我桂陵:北宋、中統、毛本脱"我"字。游、王、柯作"齊日敗桂陵"。今依凌本。

2/752/2/5《六國年表》五秦拔我垣蒲陽衍:北宋本"衍"在"垣"下。中統、毛本同,"垣"作"桓"。游作"垣衍浦陽"。柯同,脱"垣"字。王本此七字並脱。今依凌本。

3/790/5/1《秦楚之際月表》英布十二地屬項籍:四字各本在

---

① 易孟醇《史記版本考索》,載《雕虫集》,213 頁。

後月，今依凌本。

3/811/25/1《漢興以來諸侯王年表》淮陽三月丙寅：各本作
"二月"，承梁表而誤也。二月無丙寅，今依凌本。

3/842/7/1《漢興以來諸侯王年表》是爲貞王：此表各本止有
"十二"兩字，今從凌本。

3/861/13/4—862/13/1《漢興以來諸侯王年表》元狩二置六
安國云云：首四字各本作"爲六安郡"，誤入上年，今依凌本。

但遺憾的是，張氏《札記》中所謂"凌本"，其實並非萬曆四年
凌氏家刻本，而是萬曆五年李光縉增補本，此校本今見藏上海圖
書館。李光縉增補本雖爲影刻凌氏家刻本，行款皆同，甚至部分
章頁字畫不異，但爲書坊射利速成之刻，校勘粗疏，誤刻之處頗
多。以《吳太伯世家》爲例："自號勾吳"《索隱》"太伯自號勾吳之
文"，"自"字，增補本誤作"目"。"十三年，王諸樊卒"《索隱》："吳
子遏伐楚門於巢，卒"，"伐"字，增補本誤作"我"。"楚公子棄疾
弑其君靈王代立焉"，《索隱》"昭十三年"，"三"字，增補本誤作
"二"。故《增訂四庫簡明目錄標注》云"有翻刻本，系李某重訂，
劣"，誠非虛語。所以張氏《校刊史記集解索隱正義札記》中，即
有所謂"凌本誤某"，而實爲李光縉增補本之誤，凌氏家刻本原不
誤者，同時，《札記》亦頗有誤校、漏校之處。今略次與凌本、柯本
相關者如下：

《夏本紀》

1/49/13《正義》"汶山"：王、柯"汶"誤作"汝"。凌本不誤。

按：考柯本亦作"汶"，不作"汝"，《札記》失校。

1/63/2 "灄潤"《索隱》"晉亭"：凌本刓作"替"，與《漢志》合。

按：考凌本實作"潛"（九頁左十），未見剜改之痕。

《殷本紀》

1/101/10 "巫賢",凌本誤作"巫咸"。

按：考柯本亦作"巫咸",《札記》失校。

1/108/12 "祭樂器"：凌云一本無"祭"字。《志疑》云衍。《周紀》無。

按：考凌本旁注作："一本無樂字"（十三頁左五）,此"祭"爲"樂"之譌。

1/109/2 "剖比干"《正義》"主過"：王本"主",柯、凌作"王"。

按：考凌本亦作"主"（十三頁左二）,同王本,《札記》誤校。

《周本紀》

1/112/2 "屹"：凌本誤作"忔"。

按：考柯本亦作"忔",《札記》失校。

1/139/9 "數喘"：凌本"喘",與《周禮注》合。各本誤作"端"。

按：考柯本亦作"喘",《札記》失校。

1/145/13 "宮湦"：王、柯、凌、毛作"湼"。

按：考凌本實作"湼"（二十六頁右三）。

1/155/7 "有踐土臺"："踐土"下王本有"一十"兩字,柯、凌本作"十一",疑即"土"字譌衍。官本無。

按：考凌本作"一十"（三十二頁左二）,同王本。

《秦本紀》

1/191/4 "臣子與往"：毛本"臣"作"吾"。中統、王、柯、凌本"臣"下注《監本作吾》,此校者所注,今删。

按：考凌本所注實作"臣監本作吾"（十五頁右六）,《札記》所列脫一"臣"字。

《項羽本紀》

1/301/10 “三户”《正義》“善讖”：王、凌誤作“識”。

按：考凌本實作“讖”（五頁左八），不誤。

1/334/11 “快戰”：凌誤作“決戰”。

按：考柯本已誤作“決戰”，凌本沿誤耳。

《高祖本紀》

2/344/8 “縱觀”《正義》“包愷”：凌本“愷”，王、柯誤作“慢”。

按：考凌本亦誤作“慢”（三頁右九）。

2/357/3 “秦軍夾壁”：南宋本、舊刻、王本“夾”作“來”，疑誤。

按：考柯本亦作“來”，《札記》失校。

《孝武本紀》

2/453/15 “是時而”：中統、游、柯作“有”。

按：考凌本亦作“有”（二頁右七），《札記》漏校。

2/456/13 “神斗”：王本“汗”，凌本“汙”，或本作“協”，皆“汁”之譌，而“汁”又“斗”之譌也。今依《五帝本紀》《索隱》、《正義》及《漢書》注改。《考證》説同。

按：考凌本此《索隱》、《正義》並脱（三頁右九）。

2/470/12 “滿壇”：王、柯、毛多“旁”字，宋本、舊刻、凌本並無。

按：考凌本亦多“旁”字（十一頁右二）。

2/471/1 “竹宫”：凌、毛“竹”誤作“行”。

按：考凌本無此《集解》。此蓋指《封禪書》《正義》。凌本《孝武本紀》注多脱，而次於《封禪書》相應史文下。《封禪書》“夕夕月”《正義》作“皇帝平旦出行宫”，“行”即“竹”之譌。

2/484/14 “祠具”：王柯、毛作“其”，誤。

考凌本亦作"其"(十八頁右五),《札記》漏校。

《三代世表》

2/507/6 "蜀王,黃帝後世也"《正義》"黃帝與子昌意":王本"黃"誤作"皇"。

按:考柯本亦誤作"皇",《札記》失校。

《十二諸侯年表》

2/646/7/3 "楚靈王圍元年":中統、王本"圍"誤作"圉"。

按:考柯本"圍"亦誤作"圉",《札記》失校。

2/669/3/2—670/3/1 魯定公十二"女樂":凌脫"女"字,毛譌作"艾",下齊表同。

按:考凌本實有"女"字(七十頁右三行二列),未脫。

2/675/15/2 吳王夫差九伐魯:中統、游、王、柯、凌並脫。

按:考凌本實有"伐魯"二字(七十三頁左十五行二列),不脫。

《六國年表》

2/709/8/1《六國年表》齊宣四十九"取毌":王作"毋",毛作"母",凌作"丹陽",皆誤。

按:考柯本亦作"丹陽",《札記》失校。

2/738/8/3 齊湣三十"田甲劫王":柯本"王"作"主"。

按:考王本亦作"主",《札記》失校。

《秦楚之際年表》

3/775/6/1 漢沛公二十九"講解":凌本"講",與《項紀》合。蔡本、王本誤作"購"。毛作"謝"。

按:考柯本亦誤作"購",《札記》失校。

《漢興以來諸侯王年表》

3/833/21/2 十二梁十一"淮陽王武徙梁年":蔡、王、凌本不误。毛本“年”上有“元”字，舊刻作“十一”兩字，中統“年”作“王”，皆以意增改。

按：考柯本亦不誤。

3/851/1/2 “後元年”：蔡本、舊刻、王本脱“年”字。凌、毛作“後元元年”，從俗本也。今依“中元年”例。

按：考柯本亦脱“年”字，《札記》失校。

《高祖功臣侯者年表》

3/884/8/1 建元格“侯頗坐尚公主”：官本、凌本有“坐”字。

按：考柯本亦有“坐字”，《札記》失校。

3/892/9/1 侯第格“一”：蔡本、王本脱。

按：考柯本亦脱“一”字。

《惠景閒侯者年表》

3/981/4/2 高后格：王本、柯本此表文脱，而以下梧表齊侯、敬侯文當之，謬甚。

按：考王、柯本此格空，并未“以下梧表齊侯、敬侯文當之”。

3/997/6/2 孝景格恭侯平：凌誤作“干”。

按：考凌本實作“平”（十一頁左），不誤，李光縉增修本作“干”。

3/997/5/3 《惠景閒侯者年表》孝文格“侯戎奴”：凌本“侯”上衍“恭”字。

按：考柯本亦衍“恭”字，《札記》失校。

3/1009/6/1 休孝景格“更封富爲紅侯”：宋本“封”上有“定”字，無“富”字。王本“封富”誤倒。

按：考柯本“封富”二字亦倒，《札記》失校。

3/1020/8/1 後二年：王本“二”誤作“三”。

按：考柯本“二”亦誤作“三”，《札記》失校。

《建元以來侯者年表》

3/1034/8/3 "征和二年"：中統、凌本作"三年"，則與《漢表》及上梁説合。毛本"元年"，誤。

按：柯本亦作"三年"，《札記》失校。

3/1043/8/3 太初格二：凌脱。

按：考凌本實有"二"字（十一頁右八行二列），不脱。

3/1061/1/6 宜春：凌本誤作"宜"。

按：考凌本此格作"宜春"（二十五頁左八）。而上一侯"宜城"，凌本誤作"宣城"（二十五頁左五）。《札記》蓋錯列。

《樂書》

4/1184/9 前第一段：凌有"投"字。

按：考凌本作"前第一段"（七頁右十），無"投"字。"叚"，"段"之俗體。《札記》蓋謂"前第一段"，各本皆脱"段"字，唯凌有，而此誤作"段"爲"投"。

4/1207/13 "而民肅敬"《正義》"民應之，所以肅敬也"："所以"上王、柯衍"故"字，下文"慈愛"《正義》同。凌本無。

按：考王、柯所衍之"故"字在"民應之"上，非"所以"上。

4/1222/3—4 "凡冕服其制正幅袂二尺二寸故稱端也"：王、凌"袂"誤作"袄"。

按：考凌本實作"袂"（三十二頁左九），不誤。

《律書》

4/1244/9 "亥者該也"《索隱》"該閡於亥"：中統、游、王、柯、毛同。

按：考凌本亦同（五頁右六），《札記》漏校。

4/1321/9 "土合爲憂主蘗卿"：官本、毛本"主"，與索隱本合，《漢志》、《晉志》並同。他本作"生"。凌引一本亦作"主"。

　　按：此爲前“土爲憂，主孽卿”（1320/13）之札記，誤次此句下。凌本“一本生作主”爲“土爲憂，生孽卿”旁注（二十三頁右七），可證。

　　4/1373/4　“吴岳”《索隱》“徐廣云在汧”：中統、游、王、柯本“吴嶽”下有“《索隱》曰徐説非也案地理志汧有垂山無嶽山也”十六字，單本無之。此乃《郊祀志》師古《注》文，當在上文“嶽川”下，蓋後人誤增。凌本無“汧有”八字，而複衍上文“岐山”《索隱》“岐山在美陽縣西北”八字以當之，更謬。

　　按：考凌本作“《索隱》曰徐説非也案地理志岐山在美陽縣西北也”（十四頁左九），則以“岐山在美陽縣西北”易“汧有垂山無嶽山”七字，《札記》云：“凌本無‘汧有’八字”，“八”當作“七”。

《曆書》

　　4/1265/7　“滿三十二分爲一日”：凌本“日”，王、柯誤作“百”。

　　按：考柯本脱“置大餘五算”到末，無“滿三十二分爲一百”之語。

　　4/1272/12　《正義》：王、柯本亦與下年互易。凌本不誤。

　　按：考柯本誤下年“游兆困敦”《正義》入此，而“游兆困敦”《正義》反脱，非互易也。

《天官書》

　　4/1306/15　“下有四星曰弧”：柯本“四”誤作“日”。

　　按：考柯本“四”誤作“曰”，非“日”字。

《封禪書》

　　4/1395/13　“太一鋒”《集解》“斗口三星曰天一”：柯、凌與《天官書》合。各本“天”誤作“太”，《郊祀志注》亦誤。

　　按：考王本亦作“天一”，《札記》云“各本‘天’譌‘太’”，不確。

《吴太伯世家》

　　5/1447/1　“太伯”《集解》：柯本脱。

按：凌本亦脱(二頁右六)，《札記》漏校。

5/1447/2 "仲雍卒"《索隱》：柯本脱。

按：凌本亦脱(二頁右六)，《札記》漏校。

《齊太公世家》

5/1507/15 "讙闡"《索隱》"闡在東平剛縣北"：凌脱"北"字。

按：考凌本有"北"字(二十四頁右六)，不脱。

《陳杞世家》

5/1580/1 成公元年：王、柯本"元"誤作"九"。

按：考柯本作"元"字不譌，《札記》誤校。

《晉世家》

5/1649/1 "爲之驗"：凌本"爲"誤作"謂"。

按：考柯本亦誤作"謂"，《札記》失校。

5/1674/9 "先縱齧狗名敖"：王脱"狗"字。

按：考柯本亦脱"狗"字，《札記》失校。

《楚世家》

5/1702/3 "乃復國陳後"：王、柯、凌本"國陳"倒。

按：考柯本作"國陳"不倒，《札記》誤校。

5/1709/8 "巴姬"：凌本"巴"誤作"已"。

按：考凌本實作"巴"(十五頁右七)，不誤。李光縉增修本作"已"，譌。

5/1720/14 "賀秦獻公"：游、凌誤作"王"。

按：考柯本"公"亦誤作"王"，《札記》失校。

5/1734/13 "交絶於齊"《正義》：凌本誤作"《索隱》"。

按：考凌本實作《正義》(三十五頁左十)，不誤。

《越王句踐世家》

5/1743/2 "拊循其士民"：凌本下重"士民"二字，衍。

按：考柯本亦衍"士民"二字，《札記》失校。

5/1755/9 "輕棄"：中統、凌本誤作"去"。

按：考柯本"棄"亦誤作"去"，《札記》失校。

《趙世家》

6/1815/5 "主父開之"：中統、游、王、柯本"開"誤作"聞"。

按：考柯本作"開"不誤，《札記》誤校。

6/1832/16 "遷降"《集解》：柯、凌本誤混入此節《正義》。

按：考王本《集解》亦誤入《正義》，《札記》失校。

《韓世家》

6/1870/14 "不穀將以楚殉韓"：凌、毛"殉"誤作"徇"。

按：考柯本亦誤作"徇"，《札記》失校。

《田敬仲完世家》

6/1896/10 "實伐三川"：游、凌"伐"誤作"代"。

按：考柯本亦誤作"代"，《札記》失校。

《孔子世家》

6/1944/8 "予始殷人也"：游、凌本"始"誤作"殆"。

按：考柯本亦誤作"殆"，《札記》失校。

《陳涉世家》

6/1959/12 "楚安得不請而立王"：王、凌本作"而自立"。

按：考凌本亦作"而立王"（八頁左八），《札記》誤校。

《留侯世家》

6/2040/2 "謀橈"：凌本"撓"，下同。

按：考凌本實作"橈"（六頁左七），李光縉增修本作"撓"，《札記》誤校。

《絳侯周勃世家》

6/2074/8 "後六年"：宋、中統、游、王、毛作"歲"。

按：考柯本亦作"歲"，《札記》失校。

《梁孝王世家》

6/2085/7 "梁王恐"：王本誤作"怨"。

按：考柯本亦誤作"怨"，《札記》失校。

《三王世家》

6/2110/3 "太子少傅"：凌本"少"誤作"太"。

按：考柯作"少"亦誤作"太"，《札記》失校。

《仲尼弟子列傳》

7/2185/4 "師也辟"：中統、舊刻、王、柯本並作"僻"。

按：考凌本亦作"僻"（一頁右七），《札記》失校。

《穰侯列傳》

7/2328/7 "長社"：柯本"社"誤作"杜"。

按：考柯本實作"社"不譌，《札記》誤校。

《魯仲連鄒陽列傳》

8/2459/9 "秦兵"：凌本作"軍"。

按：考凌本實作"兵"（一頁左三）。

8/2462/7 "因齊後至"：王本"因"誤作"同"。《志疑》云"齊"字衍，説見《六國表》。

按：考王本亦作"因"，《札記》誤校。

8/2462/9 "周烈王崩"《集解》："烈王十年崩，威王之七年"：

王本、柯本作"烈王七年崩,威王之十年",誤。

　　按:考凌本亦誤,《札記》失校。

《屈原賈生列傳》

8/2500/1　"控搏":黃、柯、凌本並誤作"搏"。

　　按:考黃、柯、凌本作"搏",乃"搏"俗體,並非"搏"字。

《刺客列傳》

8/2528/5　"高漸離"《索隱》"王義之音哉廉反":案:蔡、王本並無"之"字,作"子廉反",與此音同。柯本改"王"爲"正",割入《正義》,謬。

　　按:考凌本與柯本同誤,《札記》失校。

《淮陰侯列傳》

8/2618/7　"莫不輟耕":王本"不"誤作"敢"。

　　按:考柯本"不"亦誤作"敢",《札記》失校。

《樊酈滕灌列傳》

8/2672/5　"呂車騎將軍先出":宋本、中統、游、柯、毛本並作"目"。王本作"臣",亦"目"字之譌。凌本"以"。

　　按:考宋本、柯本等作"呂",非"目",《札記》字譌。

《張丞相列傳》

8/2678/3　"奇才":王脱"才"字。

　　按:考王本有"才"字,不脱,《札記》誤校。

《袁盎鼂錯列傳》

8/2742/10　"其語具在吳事中":黃、柯、凌本"具"誤作"俱"。

　　按:考柯本作"具"不譌,《札記》誤校。

《扁鵲倉公列傳》

9/2799/4　"遏主心":王本、毛本誤作"遏",注同。

按：考柯本亦作"遏"，《札記》失校。

9/2800/14 "失治一時"：中統、游、王、毛本"失"誤作"未"。

按：考柯本亦誤作"未"，《札記》失校。

9/2813/12 "能異之"：凌本"能"誤作"皆"。

按：考柯本"能"亦誤作"皆"，《札記》失校。

《吳王濞列傳》

9/2835/9 "盛其頭"《正義》"今入于江"：王、柯本"于"誤作"平"。

按：考柯本作"于"字不誤，《札記》誤校。

《匈奴列傳》

9/2892/14 "如鳥"：凌本"烏"。

按：考凌本亦作"烏"。

9/2909/3 "乃歌曰"：王本誤作"識"。

按：考柯本亦誤作"識"，《札記》失校。

9/2918/5 "擊右賢王於天山"《正義》"在伊州"：王本誤作"川"。

按：考柯本亦誤作"川"，《札記》失校。

《衛將軍驃騎列傳》

9/2944/1 "冢在大猶鄉"：宋、王、凌本"冢"誤作"家"。

按：考柯本亦誤作"家"，《札記》失校。

9/2944/5 "冢在漢中"：宋、凌本"冢"誤作"家"。

按：考柯本亦誤作"家"，《札記》失校。

《朝鮮列傳》

9/2989/4 "澅清侯"：凌本"澅"誤作"澅"。

按：考柯本亦誤作"澅"，《札記》失校。

《循吏列傳》

10/3103/1 "傅其罪"：中統、游、王本"傅"誤作"傳"。

按：考柯本作"傅"，亦"傳"之俗體。

《滑稽列傳》

10/3207/13　"建章宮"《正義》：凌本脱。

按：考凌本有此《正義》作"建昌宮在長安縣故城"（十頁右五），止脱"西北二十里"及"中"字，《札記》誤校。

《日者列傳》

10/3215/3　《集解》"墨子"：凌本誤題"《索隱》"。

按：考凌本作"墨子曰：'墨子北之齊……'"并未誤題"《索隱》"。

10/3219/10　"辯人"：王、柯誤作"庶人"。

按：考柯本實作"辯人"，《札記》誤校。

《龜策列傳》

10/3227/9　"太卜宮"：三字柯、凌本不重，蓋脱。

按：考柯本重"太卜宮"三字，《札記》誤校。

10/3230/9　"雷雨"：游、凌本"雷"誤作"雲"。

按：考柯本亦誤作"雲"，《札記》失校。

10/3240/14　《龜策列傳》"不如"：凌、毛本"如"誤作"知"。

按：考柯本亦誤作"知"，《札記》失校。

《貨殖列傳》

10/3279/5　"貰貸行賈徧郡國"：柯本"貰"誤作"貫"。

按：考凌本亦誤作"貫"，《札記》失校。

此外，也有徑以《評林》本爲底本者，如水澤利忠《史記會注考證校補自序》提到："贊川（桃林）《考異》以凌稚隆萬曆四年刊《史記評林》爲底本，以宋元古版本及《史記》注釋書等二十數種校勘之"。1934 年瀧川資言撰《史記會注考證》,1950 年代水澤利忠以《考證》爲底本,作《史記會注考證校補》,兩書的校本中都列有《史記評林》,《校補》中先列瀧(瀧川資言《史記會注考證》)、慶(黄善夫本)、殿(殿本)、凌(《史記評林》)四書之頁碼,可見對此書相當重視。但《校補》標示的版本爲"萬曆四年(一五七六)李光縉增補凌稚隆評林三注合刻本"。其實萬曆四年,僅有凌稚隆初刻本,李光縉增補本之刊刻在萬曆五年以後,而且如前所云,李光縉增補本校勘比較粗疏,新增譌誤甚多,故《校補》以李光縉增補本爲參校本,列其異文,實不足以顯示凌稚隆《評林》初刻本的實際水準。且《校補》有失校、錯校之處,如《夏本紀》"夏禹"《正義》"禹本汶山郡廣柔縣人也",《校補》云:金陵同。各本汶字作汝。其實《評林》本初刻、增補本皆作"汶"。因此也有必要對凌稚隆《評林》初刻本重新校勘。

　　1998 年,天津古籍出版社影印出版了李光縉增補本《史記評林》,受到普遍歡迎,但其所據底本有缺,又以日本明治三十二年翻刻本校勘,有校改。其實李氏增補本在國内多有收藏,完全可以另换一部替代。2000 年,北京出版社《四庫未收書輯刊》出版,其中便收有《史記評林》凌氏家刻本。這兩種《評林》本的影印出版,順應了學術研究的需要,爲《史記評林》研究的深入,提供了條件。

結　語

　　總的説來,就文字校勘而言,《評林》本在校刻過程中,選擇了相對較好的柯本作爲底本，又通過廣校諸本，改正了底本的不少錯誤，雖然限於學力，以及刻印倉促，也有些誤改和新增的譌字，但客觀地説，《評林》本不失爲明代晚期最好的本子，也得到後世《史記》研究者的普通重視。自有《評林》本後，《史記》諸本如武英殿本、金陵書局本之刻印，無不以之作重要的參校本。同時，《評林》本除具有一定校勘價值，保存不少異文材料外，還滙集有大量《史記》的評論和研究資料，可以説集中體現了由先唐至明代《史記》接收、鑒賞、研究的水準和風尚，無論是對當時的《史記》愛好者，還是後世的研究者而言，《評林》本都儼然一个資料的寶庫。可以説，它的問世，在一定程度上促進了《史記》的研究與普及，在《史記》版本史上，應有其不可替代的地位。

　　張興吉曾指出：“國内學者對明代《史記評林》本的研究存在嚴重的不足”，“由於《史記評林》版本近乎通俗本的地位，加之此類版本對《史記》三家注皆有相當的删略①，是以國内學者大多忽視它的存在，從而導致中國學者對《史記評林》的研究，一直處於比較低的水準。只有賀次君先生在《史記書録》中，提出過《史記評林》來源於明嘉靖三刻之一的柯維熊本的觀點②。此後，中國學者對這個觀點也没有進一步的討論。相反，日本學者對《史記評林》的研究走在了國内學者的前面。1984 年日本學者山城喜憲在日本慶應大學《斯道文庫論集》第 20 輯上發表了《史記評林諸版本志稿》，

---

①　按：所謂“此類版本對《史記》三家注皆有相當的删略”主要是指其他評林類《史記》，凌氏《評林》本《正義》除承襲底本的極少數的脱落外，并非有特别的删削。

②　其實《評林》本的底本，在卷首《史記評林凡例·識語》中即有説明，不待賀氏提出。而賀氏《史記書録》也并非僅提出關於底本的觀點，而是舉了不少例子，進行較詳細的分析。然而也未有明確結論。

就現存的包括遞修本、後印本在內的 51 種《史記評林》本進行了調查的同時，還對《史記評林》各本之間的相互關係發表了自己的意見。"①當然，據張興吉先生所言，山城喜憲此文僅就《評林》各版本，主要是日本先後刊行的各版本行款版式等外在形式進行羅列，並未從具體文字校勘上進行論證，故其對各本關係的論述，也並不充分。因此，也有進一步研究的必要。

　　總之，目前對《評林》本的研究還相對較少，值得做的工作還有很多。由於學識和時間的限制，論文僅就《史記評林》的底本、校勘等問題作了相對膚淺的探討，得出了一些初步的結論。就《評林》本的現實意義而言，更重要的，還是通過詳細的通校，比較《評林》本與各本的相異之處，揭示它在史文和三家注文字上的某些可取之處，從而校正通行的中華書局本，發揮它應有的作用。

---

　　①　張興吉《元刻〈史記〉彭寅翁本研究・餘論：〈史記〉版本研究中有待解決的問題》，180 頁。

下編

《史記評林》校勘札記

《五帝本紀》

1/5/9（注九）"以與炎帝戰於阪泉之野"《正義》：《晉太康地里志》云："涿鹿城東一里有阪泉，上有黃帝祠。"

按："太康地里志"，凌本作"太康地理志"，與《史記》他處三家注同，是。

1/6/2（注一五）"披山通道"《集解》：徐廣曰："披，他本亦作'陂'。字蓋當音詖，陂者旁其邊之謂也。披語誠合今世，然古今不必同也。"《索隱》：披，音如字，謂披山林草木而行，以通道也。徐廣音詖，恐稍紆也。

按："字蓋當音詖，陂者"，凌本作"字蓋當爲詖，詖者"，是。下《索隱》謂"徐廣音詖"，音者，謂讀作某字，"徐廣音某，恐稍紆也"，即"徐廣解作某，恐稍紆也"。則"當音詖"與"當爲詖"同。又《史記》注中"字當作甲，甲者乙也"，先言某字當作甲，下即釋甲字之義，其例甚多。如：《秦本紀》"古之人謀黃髮番番"《正義》："音婆，字當作'皤'。皤，白頭貌。"《匈奴列傳》："緄戎"《正義》："上音昆。字當作'混'。顏師古云：'混夷也。'"《太史公自序》"律曆更相治，閒不容翲忽。"《正義》："翲，匹遙反，今音匹沼反。字當作'秒'。秒，禾芒表也。"《漢書·文帝紀》"新喋血京師"師古注："喋，音大頰反，本字當作蹀。蹀，謂履涉之耳。"據此，則無論作"字蓋當音詖"或"字蓋當作詖"，下皆應云"詖者"，而非"陂者"。

1/9/14（注一）"黃帝二十五子，其得姓者十四人"《索隱》：今案：《國語》胥臣云："黃帝之子二十五宗，其得姓者十四人，爲十二

姓，姬、酉、祁、己、滕、葳、任、荀、僖、姞、儇、衣是也。唯青陽與夷鼓
同己姓。"

　　按："儇"，《國語》卷十《晉語四》同，凌本、殿本、索隱本作"嬛"。
"衣"，凌本、殿本作"依"，與《國語》卷十《晉語四》合。又《五帝本
紀》後"皆同姓而異其國號，以章明德"《集解》："其二人同姓姬，又
十一人爲十一姓，酉、祁、已、滕、葳、任、荀、釐、姞、儇、衣"，説同。
又凌本、殿本、正義本《索隱》後有《正義》："僖，音力其反。姞，其吉
反。嬛，音在宣反。"應補。

　　1/11/16 "大小之神"《正義》：大謂五嶽、四瀆，小謂丘陵
濆衍。

　　按："大小之神"，集解本同，與《大戴禮記·五帝德》合，凌本、
殿本皆作"小大之神"。古人多用"小大"，尤多"小大之某"句式
（"某"爲單字名詞），如《尚書·囧命》"小大之臣"、《左傳·莊公十
年》"小大之獄"、《禮記·王制》"小大之比"、《禮記·樂記》"小大之
稱"、《莊子·逍遥遊》"小大之辯"、《莊子·秋水》"小大之家"、馬王
堆帛書《戰國縱橫家書》"小大之静"、《商君書·徠民》"小大之戰"、
《史記·樂書》"小大之稱"、《漢書·律曆志上》"小大之差"、《孔子
家語·五帝德》"小大之物"、《孔子家語·刑政》"小大之比"等，而
作"大小之某"者則甚少，疑皆後人誤改。此作"小大之神"近是。
《正義》先釋大後釋小者，蓋張守節所見或即已誤改作"大小之神"
之故。

　　1/20/8 "九歲，功用不成"《正義》：《爾雅·釋天》云："載，歲
也。夏曰祀，周曰年，唐、虞曰載。"李巡云："各自紀事，示不相襲
也。"孫炎云："歲，取歲星行一次也。祀，取四時祭祀一訖也。年，
取禾穀一熟也。載，取萬物終更始也。載者，年之別名，故以載爲

年也。"

按:凌本有旁注:"一本歲作載。"據《正義》引《爾雅》,則張守節所見本當作"九載"。又"年,取禾穀一熟也",凌本作"年,取年穀一熟也",以上文"歲,取歲星行一次也。祀,取四時祭祀一訖也",釋文中皆有一字與被釋字同,此當作"年穀一熟"。古"年"字作"秊",與"禾"字近,或脱其下半作"禾"。年穀,謂一年中種植成熟的穀物。如《國語‧楚語上》:"財用盡焉,年穀敗焉。"《莊子‧逍遙遊》:"藐姑射之山,有神人居焉,肌膚若冰雪,淖約若處子……其神凝,使物不疵癘而年穀熟。"趙曄《吳越春秋‧勾踐陰謀外傳》:"君王自陳越國微鄙,年穀不登,願王請糴以入其意。天若棄吳,必許王矣。"

《夏本紀》

1/55/12 "濰、淄其道"

按:"其道",與《尚書‧禹貢》合,凌本作"既道",或太史公以意譯改之。前"濟、河維沇州:九河既道,雷夏既澤",後"荊河惟豫州:伊、雒、瀍、澗既入於河,滎播既都"、"華陽黑水惟梁州:汶、嶓既蓺,沱、涔既道"句式與此相同。

1/63/3 (注二)"伊、雒、瀍、澗既入于河"《索隱》:伊水出弘農盧氏縣東,洛水出弘農上洛縣冢領山,瀍水出河南穀城縣替亭北,澗水出弘農新安縣東,皆入於河。

按:"替亭",凌本作"潛亭",與《尚書‧禹貢》"伊、雒、瀍、澗既入于河"《正義》合,《後漢書‧郡國志一》"穀城瀍水出。"注:"《博物記》曰：‘出潛亭山。’”《水經注》卷十五亦云：“瀍水出河南穀城縣北山。縣北有潛亭，瀍水出其北梓澤中。”可證。下“東北會於澗、瀍”《正義》：“《地理志》云‘瀍水出河南穀城縣替亭北，東南入於洛。’”亦當作“潛亭”也。

《周本紀》

1/114/7（注三）“公非卒，子高圉立”《集解》：宋衷曰：“高圉能率稷者也，周人報之。”

按：“宋衷”，凌本作“宋忠”。中華本《集解》所引，時作“宋忠”，時又作“宋衷”，實爲一人，可統一作“宋忠”。《後漢書》卷七十四《劉表傳》有“遂起立學校，博求儒術，綦母闓、宋忠等撰立《五經》章句，謂之後定。”《三國志》卷十三有“（王）肅字子雍。年十八，從宋忠讀《太玄》，而更爲之解。”《三國志》卷四十二《李譔傳》有“父仁，字德賢，與同縣尹默俱遊荊州，從司馬徽、宋忠等學”，皆作“宋忠”也。

1/124/12“紂走，反入登于鹿臺之上，蒙衣其殊玉”

按：《札記》：“王本‘殊’。案：據《逸周書》‘天智玉’云云，疑‘殊’字是，各本作‘珠玉’”①。考凌本、殿本、集解本、正義本皆作“珠玉”，是。作“殊玉”不辭難通，若本作“殊玉”，不應《集解》、《索隱》、《正義》皆無注。

1/143/11（注一一）“百工諫，庶人傳語”《集解》：韋昭曰：“庶人卑賤，見時得失，不得達，傳以語王。”

---

① 張文虎《校刊史記集解索隱正義札記》，39頁。

按："不得達，傳以語王"凌本作"不得言傳，以語士"，言庶人低賤，所言無由上達，乃語之士，藉士以上聞，似亦可通。

1/165/16（注六）"少焉氣衰力倦，弓撥矢鉤，一發不中者，百發盡息"《索隱》：息猶弃。言並弃前善。

按："前善"，凌本作"前射"，是。"射"與史文"發"應，"百發盡息"，即前射皆弃（"並弃前射"）。

《秦本紀》

1/183/6（注一）"晉滅霍、魏、耿"《索隱》：《春秋》魯閔公元年《左傳》云"晉滅耿，滅魏，滅霍"，此不言魏，史闕文耳。又《傳》曰："賜畢萬魏，賜趙夙耿"。

按："賜畢萬魏，賜趙夙耿"，凌本作"賜趙夙耿，賜畢萬魏"，與《左傳·閔公元年》合。

1/210/5（注八）"立異母弟，是爲昭襄王"《索隱》：名則，一名稷。

按：凌本《索隱》後有"武王弟"三字。索隱本無，蓋因與史文重而刪之，當補。

《秦始皇本紀》

1/240/11（注六）"金人十二，重各千石"《正義》：《關中記》云："董卓壞銅人，餘二枚徙清門裏。魏明帝欲將詣洛，載到霸城，重不可致。後石季龍徙之鄴，苻堅又徙入長安而銷之。"

按："董卓壞銅人，餘二枚徙清門裏"，凌本作"董卓壞銅人十，餘二徙清門裏"。考徐文靖《管城碩記》卷二十九"又按《關中記》：'董卓壞銅人十，餘餘徙清門裏。魏明帝欲將詣洛，載至霸城，重不可致。後石季龍徙之鄴，苻堅又徙入長安而銷之。'此則金人十二之本末悉可考見者也"（"餘餘徙清門裏"後一"餘"字，蓋本作"二"字，後人誤以爲重文符號，因改作"餘"字），與此合，"壞銅人"後亦有"十"字也。

1/242/11（注一）"二十八年，始皇東行郡縣，上鄒嶧山"《正義》：《國系》云："邾嶧山亦名鄒山，在兗州鄒縣南三十二里。"

按：《國系》未聞，疑當作《括地志》。"三十二里"，凌本作"二十二里"。考《夏本紀》"嶧陽孤桐"《正義》云："《括地志》云：'嶧山在兗州鄒縣南二十二里'。"《元和郡縣圖志·河南道六·兗州·鄒縣》亦云"嶧山，一名鄒山，在縣南二十二里"。則此"三十二里"恐誤。又《太史公自序》："鄉射鄒、嶧"《正義》云："鄒，縣名。嶧，山名。嶧山在鄒縣北二十二里，地近曲阜，於此行鄉射之禮。""北二十二里"，凌本、正義本作"各二十二里"，誤。《四庫全書考證》卷二十四云："又'鄉射鄒、嶧'《正義》：'嶧山在鄒縣北二十二里'，刊本'嶧'譌'鄉'，'北'譌'各'，據王鏊本改。"殿本、金陵局本因改作"北二十二里"，又誤，當如所引前二處《正義》，作"南二十二里"。

1/264/10 "更爲書賜公子扶蘇、蒙恬，數以罪，（其）賜死。"

按：凌本有"其"字。《李斯列傳》："更爲書賜長子扶蘇曰：'……扶蘇爲人子不孝，其賜劍以自裁！將軍恬與扶蘇居外，不匡正，宜知其謀。爲人臣不忠，其賜死，以兵屬裨將王離。"則"其賜死"乃與扶蘇、蒙恬書中之言，太史公此特引其文，"其賜死"三字加引號可耳，刪去"其"字，實不必。

1/272/9（注八）"不轂于此"《索隱》：謂監門之卒。養即卒也,有廝養卒。觳,音學,謂盡也。又占學反。

按:"占學反",凌本作"古學反",是。觳有三音,《廣韻》胡穀切,匣母屋部,即此《索隱》"觳,音學"(學《廣韻》胡覺切,匣母覺部)。又《集韻》訖嶽切,溪母覺部,即下《正義》"又苦角反"(苦《廣韻》康杜、苦故二切,皆溪母,角《廣韻》古嶽切,覺部)。又《音韻闡微》吉嶽切,見母覺部,正即此《索隱》"又古學反",(古《廣韻》公户切,見母。學,覺部)作"占學反"則誤矣。

1/277/9 "當此之世,賢智並列,良將行其師,賢相通其謀,然困於阻險而不能進,秦乃延入戰而爲之開關,百萬之徒逃北而遂壞。豈勇力智慧不足哉?"

按:凌本旁注云:"一本世作時"。《史記》用"當此之時"凡十處:《秦始皇本紀》"當此之時,守威定功,安危之本在於此矣。"《平準書》:"當此之時,網疏而民富,役財驕溢,或至兼併豪黨之徒,以武斷於鄉曲。"《陳涉世家》:"當此之時,諸將之徇地者不可勝數。""當此之時,齊有孟嘗,趙有平原,楚有春申,魏有信陵。此四君者,皆明知而忠信,寬厚而愛人,尊賢而重士。"《魏公子列傳》:"當此之時,平原君不敢自比於人。"《范雎蔡澤列傳》:"當此之時,天下爭知之。"《張耳陳餘列傳》:"當此之時,名聞天下。"《淮陰侯列傳》:"當此之時,憂在亡秦而已。"《滑稽列傳》:"當此之時,髡心最歡,能飲一石。""當此之時,公卿大臣皆敬重乳母。"獨此處作"當此之世",疑亦當從一本作"當此之時"。

1/284/1 "裂地分民以封功臣之後。"

按:"裂地",凌本作"表地",旁注:"一本作裂"。《經濟類編》卷五、《御選古文淵鑒》卷十一引《過秦論》亦皆作"表地分民",《佩文韻府》收有"表地"條,即以此句爲例。表謂立木爲地標,表地亦有

“分地”、“畫地”、“裂地”之義。

　　1/289/4（注一）“悼武王享國四年，葬永陵”《集解》：徐廣曰：“皇甫謐曰葬畢，今按陵西畢陌。”《正義》：《括地志》云：“秦悼武王陵在雍州咸陽縣西十里，俗名周武王陵，非也。”

　　按：“今按陵西畢陌”，凌本作“今安陵西畢陌”，是，謂悼武王葬于畢，即今之安陵西畢陌也。安陵，漢孝惠帝陵。《秦本紀》“八月，武王死。”《集解》：“《皇覽》曰：‘秦武王冢在扶風安陵縣西北，畢陌中大冢是也。人以爲周文王冢，非也。周文王冢在杜中。’”《正義》：《括地志》云：“秦悼武王陵在雍州咸陽縣西北十五里也。”《呂太后本紀》“七年秋八月戊寅，孝惠帝崩。……九月辛丑，葬。”《集解》：“《漢書》云：‘葬安陵。’……《皇甫謐》曰：‘去長陵十里，去長安北三十五里。’”《後漢書·郡國志一》：“安陵《皇覽》曰：‘縣西北畢陌，秦武王冢。’”可證中華本作“今按”非。

《項羽本紀》

　　1/296/3　“每吳中有大繇役及喪。”

　　按：凌本“繇”字下有《集解》“音遥”，當補。《仲尼弟子列傳》“顏無繇”下亦有《集解》“音遥”。

《高祖本紀》

　　2/377/4（注二）“項羽矯殺卿子冠軍而自尊，罪二”《索隱》：

如淳曰:"卿者,大夫之尊。子者,子男之爵。冠軍,人之首也。"

按:"大夫之尊",凌本前有"卿"字,是。卿與大夫非一,此以"卿大夫"釋"卿",蓋連類而及大夫,猶子與男爵非一,以"子男"釋"子",連類而及男。"冠軍",凌本作"冠者",是也。人之首爲冠,與"軍"無涉。

2/378/2(注一)"項羽恐,乃與漢王約中分天下,割鴻溝而西者爲漢,鴻溝而東者爲楚。"《索隱》:應劭云:"在滎陽東南三十里,蓋引河東南入淮泗也。"

按:"三十里",凌本作"二十里",是。《漢書·高祖紀上》"割鴻溝以西爲漢",注即作:"應劭曰:'在滎陽東南二十里。'"

《吕太后本紀》

2/404/9(注一)"太后女弟吕嬃"《索隱》:韋昭云:"樊噲妻,封林光侯。"2/416/14(注六)"列侯頃王后"《集解》"時吕嬃爲林光侯"。

按:二"林光侯",凌本作"臨光侯",是。前有"四年,封吕嬃爲臨光侯"(卷九,2/402/1),《樊酈滕灌列傳》亦云:"而伉母吕須亦爲臨光侯"(《漢書·樊噲傳》同)。

《孝文本紀》

2/417/16(注四)"酺五日"《索隱》:《説文》云:"酺,王者布德,大飲酒也。"出錢爲醵,出食爲酺。又按:趙武靈王滅中山,酺五日，是其所起也。

按："是其所起"後，凌本有"遠"字，近是。《索隱》舉"趙武靈王滅中山，酺五日"之例，乃明此古即有之，其源甚遠，未必確指今之"酺五日"即起自趙武靈王。

2/438/4《索隱述贊》："宋昌建册，絳侯奉迎。"

按："册"，凌本作"策"，是。建策，出謀獻策，制定策略，謂宋昌建議代王往就天子位。作"建册"非。

《孝景本紀》

2/440/2（注一）"二年春，封故相國蕭何孫系爲武陵侯"《集解》：（徐廣曰："《漢書》亦作'係'。"鄒誕生本作"傒"，音奚。又按：《漢書·功臣表》及《蕭何傳》皆云孫嘉，疑其人有二名。）《索隱》：徐廣曰："《漢書》亦作'係'。"鄒誕生本作"傒"，音奚。又按：《漢書·功臣表》及《蕭何傳》皆云封何孫嘉，疑其人有二名也。

按：凌本有《集解》，後云："《索隱》注同"，蓋《索隱》之文與《集解》無二致，故略言之也。《史記》前後尚有數例，此例當補《索隱》文，不當以圓括號删去《集解》文。

《孝武本紀》

2/465/3"聞昔大帝興神鼎一。"

按："大帝"，凌本作"太帝"。《封禪書》、《漢書·郊祀志上》皆云"聞昔泰帝興神鼎一","泰帝"即"太帝"。此作"太帝"佳。

《三代世表》

2/492 六列一行："帝肣"《索隱》：古熒切。

按："古熒切"，凌本、殿本作"古熒反"，是。《索隱》注音皆作"某某反"，不作"某某切"。

2/507/13 （注六）"卻行車"《索隱》：言霍光持政擅權，逼帝令如卻行車，使不前也。

按："逼帝令"，凌本、殿本作"遏帝令"，是。《説文解字・辵部》："遏，微止也。"《易・大有・象傳》"君子以遏惡揚善"，陸德明釋文："遏，止也。"《吕氏春秋・用民》"遽擊金而卻之"高誘注："卻，猶止也。"此"遏"與"卻"義近，謂遏止帝令如止卻行車，作"逼帝令"不辭，蓋形譌。

《十二諸侯年表》

2/512/1 （注六）"爲成學治古文者要刪焉"《索隱》：爲成學治文者要刪焉。言表見《春秋》、《國語》，本爲成學之人欲覽其要，故刪爲此篇焉。

按：凌本、殿本"成學之人"下有"攻文之士"四字，"成學之人"、"攻文之士"各與"成學"、"治文"對應，近是。

2/566 三列七行："伐申，過鄧，鄧甥曰楚可取，鄧侯不許。"

按："鄧甥"，凌本、殿本作"鄧人"。考《楚世家》："文王二年，伐申過鄧,鄧人曰'楚王易取',鄧侯不許也。"則作"鄧人"是。

2/624　二列十五行:"臣巫來,謀伐楚。"

按:"臣巫",凌本、殿本作"巫臣",是。五行有"以巫臣始通於吳而謀楚"可證。中華本此顯誤。

2/636　一列七行:"楚康王昭元年。"

按:"昭",凌本、殿本作"招",是。《楚世家》"三十一年,共王卒,子康王招立"可證。

2/649　三列七行:"執芋君亡人入章華。"

按:"芋",凌本、殿本作"芋",實即"芊"字,中華本形譌。

2/669　一列十二行:"國人有夢衆君子立社宮,謀亡曹,振鐸請待公孫彊,許之。"

按:凌本"振鐸"後有"止之"二字。《管蔡世家》"伯陽三年,國人有夢衆君子立于社宮,謀欲亡曹;曹叔振鐸止之,請待公孫彊,許之。"則此有"止之"佳。

《秦楚之際月表》

3/760/12　(注三)"鄉秦之禁,適足以資賢者爲驅除難耳"《索隱》:……謂秦前時之禁兵及不封樹諸侯,適足以資後之賢者,即高帝也。言驅除患難耳。

按:"言驅除患難耳",凌本、殿本作"言爲之驅除患難也",多"爲之"二字,義暢。

3/768　二列五行:"齊立田假爲王,秦急圍東阿。"

按:凌本、殿本"圍"後有"榮"字。考《田儋列傳》:"齊人聞王田儋死，乃立故齊王建之弟田假爲齊王，田角爲相，田閒爲將，以距諸侯。田榮之走東阿，章邯追圍之。"《漢書·高帝紀上》："章邯圍田榮于東阿。"《漢書·陳勝項籍列傳》："初，章邯既殺齊王田儋於臨淄，田假復自立爲齊王。儋弟榮走保東阿，章邯追圍之。"則此有"榮"字義近。

《漢興以來諸侯王年表》

3/853　三列二十二行濟川："明殺中傅，廢遷房陵。"

按："明殺中傅"，凌本、殿本作"坐射殺中傅"，是。《漢書·諸侯王表·濟川》："孝景中六年五月丙戌，王明以孝王子桓邑侯立，七年，建元三年，坐殺中傅，廢遷房陵。"《漢書·武帝紀》："濟川王明坐殺太傅、中傅廢，遷防陵。"表言侯、官罪廢，多用"坐"字，如本卷前臨江王"坐侵廟壖垣爲宮，自殺。國除爲南郡"，此當從凌本。

3/875　《索隱述贊》："漢有天下，爰覽興亡。"

按："覽"，凌本、殿本作"鑒"，義佳。《陳書·文學傳》："其興亡之運，盛衰之迹，足以垂鑒戒，定褒貶。"《新唐書·劉蕡傳》："若夫追蹤三五，紹復祖宗，宜鑒前古之興亡，明當代之成敗。"《宋史·田錫傳》："又采徑史要切之言，爲《御屏風》十卷，置扆座之側，則治亂興亡之鑒，常在目矣。"

《高祖功臣侯者年表》

3/878/10　"於是謹其終始，表其文，頗有所不盡本末；著其明，疑者闕之。"

按："表其文"，凌本、殿本作"表見其文"。《五帝本紀》："予觀
《春秋》、《國語》，其發明《五帝德》、《帝繫姓》章矣，顧弟弗深考，其
所表見皆不虛。"《十二諸侯年表》："於是譜十二諸侯，自共和訖孔
子，表見《春秋》、《國語》學者所譏盛衰大指著於篇，爲成學治古文
者要刪焉。"皆作"表見"。

3/901　一列八行："元朔三年，侯臧坐爲太常，南陵橋壞，衣冠
車不得度，國除"《索隱》：臧子琳位至諸侯，琳子璜失侯爵。

按："諸侯"，凌本、殿本作"諸吏"，是也。後世所謂諸侯，即諸侯
王，與侯異。漢約，"非劉氏不王"，長沙王外，絶無僅有，孔琳安得位
至諸侯？諸吏，官名，如《漢興以來將相名臣年表》："六月丙午，諸吏
散騎光祿大夫張禹爲丞相。"《漢書·公孫劉田王楊蔡陳鄭傳》："由是
擢爲諸吏光祿勳，親近用事。""惲幸得列九卿諸吏，宿衛近臣"、《漢
書·霍光金日磾傳》："諸吏文學光祿大夫臣遷"、"次壻諸吏中郎將羽
林監任勝出爲安定太守"、《漢書·趙充國辛慶忌傳》："其後拜爲右將
軍諸吏散騎給事中，歲余徙爲左將軍。"《漢書·雋疏于薛平彭傳》：
"哀帝即位，征當爲光祿大夫諸吏散騎，復爲光祿勳，御史大夫，至丞
相。"《漢書·匡張孔馬傳》："拜爲諸吏光祿大夫，秩中二千石。給事
中，領尚書事。""有詔光周密謹慎，未嘗有過，加諸吏官，以子男放爲
侍郎，給事黃門。數年，遷諸吏光祿大夫，秩中二千石，給事中，賜黃
金百斤，領尚書事。後爲光祿勳，復領尚書，諸吏給事中如故。"《漢
書·元后傳》："後五年，諸吏散騎安成侯崇薨，諡曰共侯。"《漢書·王
莽傳》中："使諸吏散騎司禄大衛修寧男遵諭予意焉。"

3/965　二列三行邵："十二年十月戊戌，莊侯黃極中元年。"

按：凌本、殿本格右下有"一"字，莊侯於高祖時在國年數也，

是。前中牟侯、後博陽侯至菌侯,俱高祖十二年封,並著"一"字,中華本此脱,當補。又"黄極中",凌本、殿本作"黄極忠",與《漢書·高惠高后文功臣表·邧嚴侯黄極忠》合。

《惠景閒侯者年表》

3/994　一列一行東平:"東平"《索隱》:縣名,在東平。

按:"在東平",凌本、殿本作"屬東平",是。本表侯名若爲縣名,《索隱》例皆作"縣名,屬某地。"

3/1013　二列七行俞:"元狩六年,侯賁坐爲太常廟犧牲不如令,有罪,國除"《集解》:一云元朔二年,侯賁元年。

按:凌本、殿本無《集解》,而以"元朔二年,侯賁元年"爲正文,次"元狩六年"上,是也,此固當有欒賁始侯之年。詳《志疑》"中元五年,侯布薨。十二"條①。

3/1015　三列一行江陽:"江陽"《索隱》:縣,在東海也。

按:凌本、殿本《索隱》作:"縣名,在東海。"有"名"字,是。然當作"縣名,屬東海。"説見上。

《建元以來侯者年表》

3/1030　三列五行岸頭:"[元狩]元年,次公坐與淮南王女姦,

---

① 《史記志疑》卷十二,640頁。

及受財物罪，國除。"

按：凌本"淮南王女"後有"陵"字，應補。《高祖功臣侯者年表·安平》："元狩元年，坐與淮南王女陵通，遺淮南書稱臣盡力，棄市，國除。"《漢書·景武昭宣元成功臣表·岸頭侯張次公》："五月己巳封，五年，元狩元年，坐與淮南王女陵奸，受財物，免。"亦皆有"陵"字。又"次公"前應有"侯"字，《志疑》未及。

3/1048　一列一行龍亢："龍亢"《索隱》：晉灼云："龍，闕。"《左傳》"齊侯圍龍"，龍，魯邑。蕭該云"廣德所封土是龍，有'亢'者誤也。"

按："廣德所封土是龍"，凌本、殿本作"廣德所封止是龍"，謂廣德所封之侯國名只有"龍"一字，非"龍亢"二字，是也。

3/1053　四列一行東成："東成。"

按：凌本、殿本作"東城"，與《漢書·景武昭宣元成功臣表》合。而《東越列傳》、《漢書·西南夷兩粵朝鮮傳》皆作"東成侯"。然考《漢書·地理志上》九江郡有"東城，莽曰武城"。又《陳涉世家》："葛嬰至東城，立襄強爲楚王。"《索隱》："《地理志》屬九江。"《漢書·高帝紀下》"灌嬰追斬羽東城。"注："晉灼曰：'九江縣。'"又《惠景閒侯者年表》有"東城侯"，《索隱》："縣名，屬九江。"《建元已來王子侯者年表》又有"東城侯"，《索隱》："志屬九江。"皆同一地，先封淮南厲王子劉良，孝文十五年，良薨，無後，國除。元朔二年，又封趙敬肅王子劉遺，元鼎元年，遺有罪，國除。元封元年，又封繇王居股也。則此作"東城"是。

3/1053　四列七行東成："元年閏月癸卯，侯居服元年。"

按："居服"，凌本作"居股"，是也。《東越列傳》："從繇王居股謀曰"、"故封繇王居股爲東成侯，萬户。""然餘善至大逆，滅國遷衆，其先苗裔繇王居股等猶尚封爲萬户侯，由此知越世世爲公侯矣。"《漢書·景武昭宣元成功臣表》有："東城侯居股"、《漢書·西南夷兩粵朝鮮傳》亦云："及故粵建成侯敖與繇王居股謀，俱殺餘善，以其衆降橫海軍。封居股爲東成侯，萬户""及東粵滅國遷衆，繇王居股等猶爲萬户侯。"可證。

3/1069《索隱述贊》："南討甌越，北擊單于。"

按："甌越"，凌本、殿本作"閩越"，是。《漢書·武帝紀》："（建元三年）閩越圍東甌，東甌告急。遣中大夫嚴助持節發會稽兵，浮海救之。未至，閩越走，兵還。""（建元六年）閩越王郢攻南越。遣大行王恢將兵出豫章，大司農韓安國出會稽，擊之。未至，越人殺郢降，兵還。"所討皆爲閩越，可證。

《建元已來王子侯者年表》

3/1096　三列四行："四年二月乙丑，侯劉拾元年。"

按："二月"，凌本作"三月"，是也。前洛陵侯、攸輿侯、茶陵侯，後安衆侯、葉侯，皆長沙定王子，同日封，皆爲"四年三月乙丑"，此不当獨爲"二月"，《漢書·王子侯表上》亦作"（四年）三月乙丑封"。王永吉已據殿本言之①。

《漢興以來將相名臣年表》

3/1125　三列三行："十一月辛巳，平徙爲左丞相。"

---

① 王永吉《史記殿本研究》，81 頁。

按："辛巳"，凌本作"辛卯"。《志疑》："案：'辛卯'一本作'辛巳'，未知孰是。"①考《孝文本紀》"（孝文元年）辛亥，皇帝即阼，謁高廟。右丞相平徙爲左丞相，太尉勃爲右丞相，大將軍灌嬰爲太尉。"《漢書·百官公卿表下·孝文元年》亦云："十月辛亥，右丞相平爲左丞相。"則平徙爲左丞相之年當爲元年十月辛亥。

3/1135　五列四行："大中大夫公孫敖爲騎將軍，出代。"

按："大中大夫"，凌本作"太中大夫"，是。同頁前五列元光二年"太中大夫李息爲材官將軍"，本格"太中大夫衛青爲車騎將軍，出上谷"，皆可證。

3/1146　二列三行："三月乙丑，御史大夫王訢爲丞相，封富春侯。"

按："富春侯"，凌本作"宜春侯"，是。《漢書·公孫劉田王楊蔡陳鄭傳》："（王訢）昭帝時爲御史大夫，代車千秋爲丞相，封宜春侯。明年薨，諡曰敬侯。"《漢書·王莽傳中》："初，莽妻宜春侯王氏女，立爲皇后。"注："師古曰：'王訢爲丞相，初封宜春侯，傳爵至孫咸。莽妻，咸之女。'"《漢書·敘傳下》"千秋時發，宜春舊仕。"注："師古曰：'宜春侯王訢也。'"皆可證。

《禮書》

4/1170/12　（注一八）"朱弦而通越，一也。"《索隱》：大瑟而練

---

① 《史記志疑》卷十四，746頁。

朱其弦，又通其下孔，使聲濁且遲，上質而貴本，不取其聲文。自
"三年"已下四事，皆不取其聲也。

　　按："不取其聲文。自三年已下四事"，凌本作"不取其聲，
又自三年已下四事"。考《索隱》後作"皆不取其聲也"，前"一
鐘尚拊膈"《索隱》亦云："不擊其鐘而拊其格，不取其聲，亦質
也。"皆作"不取其聲"，不作"不取其聲文"，疑此"文"字當爲
"又"字之誤。

《樂書》

4/1190/1 "識禮樂之文者能術。作者之謂聖，術者之謂明。
明聖者，術作之謂也。"

　　按：三"術"字，凌本作"述"，通。《論語・述而》"述而不作"，
即作"述"。據"識禮樂之文者能術"《集解》："鄭玄曰：'述謂訓其
義。'"則史文作"述"由來久矣。

4/1200/7（注一○）"而獄訟益煩，則酒之流生祸也"《集解》：
鄭玄曰："小人飲之善酗，以致獄訟。"

　　按："善酗"，凌本作"善酗"，與《禮記・樂記》："夫豢豕爲酒，非
以爲禍也，而獄訟益繁，則酒之流生禍也"鄭玄注合。《正義》"言民
得豢酒，無复節限，卒至沉酗鬥争殺傷"，亦"善酗"之義。

4/1215/3（注四）"詩，言其志也"《正義》：前金石爲器，須用
詩述申其志，志在心，不術不暢，故用詩述之也。

　　按："術"，凌本作"述"，同。此句前云"須用詩述申其志"，後云
"故用詩述之也"，則此宜同作"述"。

《律書》

4/1241/9 "大至君辱失守。"

按："君辱"，凌本、集解本、正義本、殿本作"窘辱"，近是。窘辱，此謂遭困迫受凌辱。《史記·留侯世家》亦有："雍齒與我故，數嘗窘辱我。"失守亦謂受制於人，身不由己，喪失操守，非謂城池失守也。

4/1249/14（注一）"黃鐘長八寸七分一，宮"《索隱》：而云黃鐘長九寸者，九分之寸也。

按："而云"，凌本作"而《漢書》云"，是。此謂《漢書·律曆志上》："故黃鐘爲天統，律長九寸。"脫"漢書"二字，"而云"即不知所謂矣。

4/1251/3（注三）"寅九分八"《索隱》：氣種於子。

按："種"，凌本作"鐘"。《漢書·律曆志上》作"鍾"，是。此蓋形譌。

4/1254/6《索隱述贊》："自昔軒后，爰命伶綸。"

按："伶綸"，凌本作"伶倫"，是。《吕氏春秋·古樂》："昔黃帝令伶倫作爲律。"《曆書》"蓋黃帝考定星曆"《索隱》："伶倫造律吕"，不誤。

《天官書》

4/1290/13（注二）"隨北端兌"《索隱》：劉氏云"斗，一作

‘北’”。案《漢書·天文志》作“北”。

　　按：《漢書·天文志》作“北’”，“作”，凌本作“見作”，近是。“見作某”謂現存今本即作某。凡前已云某書某字作某，《索隱》又以今本加以證實，例云：“某書見作某”。《夏本紀》“稱以出”，《集解》：“徐廣曰：‘一作士。’”《索隱》：“按：《大戴禮》見作‘士’。”《魯周公世家》：“作《肸誓》”《集解》：“徐廣曰：‘肸，一作鮮，一作獮。’”《索隱》：“《尚書》作‘費誓’。徐廣云：‘一作鮮，一作獮。按《尚書大傳》見作‘鮮誓’。”《魏世家》：“所攻甚難”《索隱》：“攻，亦作‘致’。《戰國策》見作‘致軍’，言致軍糧難也。”《匈奴列傳》：“黃金胥紕一”《集解》：“徐廣曰：‘或作犀毗，而無一字。’”《索隱》：“《漢書》見作‘犀毗’，或無下‘一’字。”

　　4/1291/16（注一）“北斗七星，所謂‘旋、璣、玉衡以齊七政’”《索隱》：《春秋運斗樞》云：“斗，第一天樞，第二旋，第三璣，第四權，第五衡，第六開陽，第七搖光。第一至第四爲魁，第五至第七爲標，合而爲斗。”

　　按：《索隱》“旋”，凌本作“璇”，《藝文類聚》卷一、《太平御覽》卷五所引《春秋運斗樞》亦皆作“璇”。

　　4/1292/5（注三）“北斗七星，所謂‘旋、璣、玉衡以齊七政’”《索隱》：又馬融注《尚書》云：“七政者，北斗七星，各有所主：第一曰正日；第二曰主月法。”

　　按：“正日”，凌本作“主日，法天”，“主月法”，凌本作“主月，法地”，近是。《玉海》卷二引此作：“北斗七星，各有所主，一曰主日，法天；二曰主月，法地。”《容齋三筆》卷十一《天文七政》條亦云：“《尚書·舜典》‘以齊七政’，孔安國本注謂日、月、五星也，而馬融云：‘七政者，北斗七星，各有所主，第一主日，第二主月……’”則凌本義佳。

4/1301/8（注一四）"廷藩西有隋星五"《集解》：隋，音他果反。《索隱》：宋均云"南北爲隋"。又他果反，隋爲垂下。

按：黄本《索隱》無"他果反"三字，作"又隋爲垂下"，是也。例，凡云"又某某反"者，必此注音與前不同。《集解》已云："隋音他果反"，《索隱》此不當復云"又他果反"。此蓋先引宋均説"南北爲隋"，復引一説，以隋爲"垂下"之義，故著一"又"字。凌本無"又他果反"四字，作"隋謂垂下也"，亦近是。

4/1303/12（注一）"柳爲鳥注，主木草"《正義》：占以順明爲吉；金、火守之，國兵大起。

按："順明爲吉"，凌本作"明吉暗凶"，考下文"七星，頸，爲員官，主急事。"《正義》云："以明爲吉，暗爲凶"，"張，素，爲廚，主觴客"《正義》云："占以明爲吉，暗爲凶"，則凌本亦近是。

4/1325/13 "黄，比參左肩。"

按：凌本後有《正義》："參，色林反，下同。"可補。

4/1334/13 "地維咸光。"

按：凌本、正義本、殿本後皆有《正義》："四鎮星出四隅，去地可四丈，地維咸光。星亦出四隅，去地可三丈，若月始出。所見，下有亂者亡，有德者昌也。"當補。

《封禪書》

4/1362/9 I（注八）"禪亭亭"《索隱》：應邵云："在鉅平北十餘里。"

按："應邵"，凌本作"應劭"，是。按《索隱》引應劭説數次，亦時有作"應邵"者，宜統一。

4/1368/16 "而宋毋忌、正伯僑、充尚、羨門高。"

按："羨門高"，凌本、集解本、殿本皆作"羨門子高"，且後有《集解》："韋昭曰：'皆慕古人名效神仙者。'"當補。

4/1375/11 （注一）"而雍有日、月、參、辰"《索隱》：案：《漢舊儀》云："祭參、辰于池陽谷口，夾道左右爲壇也。"

按：凌本《索隱》後有"雍，地名"，可補。

4/1377/3 （注一）"唯雍四時"《索隱》：雍有五時而言四者，顧氏以爲兼下文"上帝"爲五，非也。案：四時，據秦舊而言也。

按：凌本《索隱》後有："秦襄公始列爲諸侯，而作西時；文公卜居汧、渭之間，而作鄜時；皆非雍也。至秦德公卜居雍，而後宣公作密時，祠青帝；靈公作上時，祠黄帝，下時，祠炎帝；獻公作畦時，祠白帝；是爲四。並高祖增黑帝而五也。"索隱本、金陵本脱，當補。

《河渠書》

4/1405/3 "陸行載車，水行載舟，泥行蹈毳，山行即橋。"

按："載車"，凌本作"乘車"，近是。《夏本紀》："陸行乘車，水行乘船，泥行乘橇，山行乘樏。"又"予陸行乘車，水行乘舟，泥行乘橇，山行乘樏"，兩處四句皆用"乘"字，而此則後三動詞皆易之，"乘車"、"載舟"、"蹈毳"、"即橋"，於修辭更增美感。《文章辨體匯選》卷六一九載《河渠書》亦作"陸行乘車"。《四庫全書考證》卷六十六

《御定分類字錦》卷六“泥類·蹈毳”注“陸行乘車”：“刊本乘譌載，據《史記》改。”則所見《史記》亦作“陸行乘車”。《史記會注考證》即據此作“陸行乘車”。

4/1412/4 “自徵引洛水至商顔山下”《集解》：服虔曰：“顔音崖。或曰商顔，山名也。”《索隱》：顔音崖，又如字，商顔，山名也。

按：史文“山”字，凌本無，是也。《集解》：“或曰，商顔，山名也。”《索隱》“商顔，山名也。”皆可證。倘史文作“商顔山下”，則“商顔”顯爲山名，何須復釋之？《漢書·溝洫志》亦作“商顔下”。

《平準書》

4/1417/3 “平準書第八”《索隱》：大司農屬官有平準令丞者，以均天下郡國轉販，貴則賣之，賤則買之，貴賤相權輸，歸于京都，故命曰“平準”。

按：凌本“轉販”作“輸斂”，“賣之”作“糶之”，“貴賤相權輸”作“平賦以相準輸”，是也。唯作“平賦以相準輸”，方能扣“平準”二字。

4/1419/2 （注三）“漕轉山東粟，以給中都官，歲不過數十萬石”《索隱》：中都，猶都內也。皆天子之倉府。以給中都官者，即今太倉以畜官儲是也。

按：凌本《索隱》前有“《説文》云：‘漕，水轉穀也。’一云車運曰轉，水運曰漕。”當補。

4/1421/9 （注四）“彭吳賈滅朝鮮。”《索隱》：彭吳始開其道而滅之也。

按：凌本《索隱》後有"朝鮮，番名。"當補。

4/1438/15 "赦天下[囚]，因南方樓船卒二十餘萬人擊南越。"

按：此"囚"字蓋據《漢書·食貨志下》增。凌本無"囚"字，旁注云："一本因作囚"。疑《漢書·食貨志下》"赦天下囚"，"囚"字亦"因"字之譌增。《史記》他用"大赦天下"五次、"乃大赦天下"二次、"其大赦天下"一次、"其赦天下"二次、"赦天下"十次，未有接賓語而作"赦天下囚"者。《漢書》《漢書·高帝紀下》有"其赦天下殊死以下"、"赦天下死罪以下"，《漢書·宣帝紀》、《成帝紀》、《哀帝紀》、《平帝紀》皆有"赦天下徒"，而他無作"赦天下囚"者。

4/1443/9 （注六）"或龜貝"《索隱》：按：錢本名泉，言貨之流如泉也，故周有泉府之官。及景王乃鑄大錢。布者，言貨流布，故《周禮》有二夫之布。《食貨志》貨布首長八分，足支八分。刀者，錢也。《食貨志》有契刀、錯刀，形如刀，長二寸，直五千；以其形如刀，故曰刀，以其利於人也。又古者貨貝寶龜，《食貨志》有十朋五貝，皆用爲貨，其各有多少。元龜直十貝，故直二千一百六十。已下各有差也。

按：凌本"首長八分"前有"長二寸五分"，可補。"形如刀，長二寸，直五千"，凌本作"契刀，長二寸，直五百；錯刀，以黃金錯，直五千"，與《漢書·食貨志下》合。契刀、錯刀自有分別，自不得統言"直五千"，且"形如刀"，與下文"以其形如刀，故曰刀，以其利於人也"亦重複。凌本是。"元龜直十貝"，凌本作"兩貝爲朋，故直二百一十六，元龜直十朋"，與《漢書·食貨志下》合。元龜固直十朋，二十貝，中華本誤。且有"兩貝爲朋，故直二百一十六"句，與下文方可相接自然，此當從凌本。

《吳太伯世家》

5/1448/3（注八）"是時晉獻公滅周北虞公，以開晉伐虢也"《索隱》：《左氏》二年《傳》曰："晉荀息請以屈產之乘與垂棘之璧假道伐虢，宮之奇諫，不聽。虞公許之，且請先伐之。遂伐虢，滅下陽。"

按："假道伐虢"，凌本作"假道於虞以伐虢"，與《左傳》僖公二年同，三字似可補。

5/1448/15（注二）"令其子爲吳行人"《索隱》：左傳魯成二年曰："巫臣使齊，及鄭，使介反幣，而以夏姬行，遂犇晉。"

按："使齊"，凌本作"聘齊"，考《左傳》成公二年："使屈巫聘於齊，且告師期。巫臣盡室以行。……及鄭。使介反幣。而以夏姬行……遂奔晉"。作"聘齊"佳。

5/1449/15（注四）"次曰季札"《索隱》：《公羊傳》曰："謁也，餘祭也，夷末也，與季子同母者四人。季子弱而才，兄弟皆愛之，同欲以爲君，兄弟遞相爲君。而致國乎季子。故謁也死，餘祭也立；餘祭也死，夷末也立；夷末也死，則國宜之季子，季子使而亡焉。"

按：凌本"夷末"作"夷昧"，與《公羊傳》同。又"同欲以爲君"下有"季子猶不受謁請"，"遞"作"迭"，"而致國乎季子"後有"皆曰諾"。考《公羊傳》襄二十九年云："季子弱而才，兄弟皆愛之，同欲立以爲君。謁曰：'今若是迮而與季子國，季子猶不受也。請無與子而與弟。弟兄迭爲君，而致國乎季子。'皆曰：'諾！'"則凌本佳。

5/1450/2（注四）"次曰季札"《索隱》：然按《左》狐庸對趙

文子。

按:"左",凌本作"左氏",近是。《史記》《索隱》以按語逕引《春秋左氏傳》,作"按《左傳》"者凡三十六次,如:《夏本紀》"萊夷爲牧"《索隱》:"按:《左傳》云萊人劫孔子,孔子稱'夷不亂華'";作"按《左氏》"者凡十次,如:《項羽本紀》"楚雖三户,亡秦必楚也"《索隱》:"按:《左氏》'以畀楚師於三户',杜預注云'今丹水縣北三户亭',則是地名不疑。";作"按《左氏傳》"者凡六次,如:《梁孝王世家》"吳楚先擊梁棘壁"《索隱》:"按:《左氏傳》宣公二年,'宋華元戰於大棘。'";作"按某年《左傳》"者凡二次,如《宋微子世家》"六鷁退蜚"《索隱》:"按:僖十六年《左傳》:'隕石于宋五,隕星也。六鷁退飛,過宋都'";作"按《春秋左氏》"者凡一次,如《匈奴列傳》"於是戎狄或居於陸渾"《索隱》:"按:《春秋左氏》'秦晉遷陸渾之戎于伊川'"。僅此一處作"按:《左》",義晦,似如凌本作"按:《左氏》"義近。

5/1460/4(注一)"七年,楚公子圍弒其王夾敖而代立,是爲靈王"《索隱》:《左傳》曰"楚公子圍將聘于鄭,未出竟,聞王有疾而還。入問王疾,縊而殺之。"孫卿曰:"以冠纓絞之。遂殺其子幕及平夏。葬王于郟,謂之郟敖"也。

按:"縊而殺之",凌本作"縊而弒之","遂殺其子幕及平夏",凌本作"遂殺其二子幕及平夏",與《左傳》昭公元年同。宜據改。

5/1462/14(注二)"乃求勇士專諸"《索隱》:《刺客傳》曰"諸,棠邑人也。"

按:"棠邑",凌本作"堂邑",是。《刺客列傳》即作:"專諸者,吳堂邑人也。"武帝元狩六年(前117),改棠邑爲堂邑。

5/1463/12(注二)"十三年春,吳欲因楚喪而伐之"《索隱》:

據表及《左氏傳》止合有十二年，事並見昭二十七年《左傳》也。

按："據表及《左氏傳》止合有十二年"，凌本作"據表及《左氏》僚止合有十二年"，僚，吳王僚。義佳。王永吉已言之。[①]

5/1463/13（注三）"使公子蓋余、燭庸"《索隱》:《春秋》作"掩餘"，《史記》並作"蓋餘"，義同而字異。或者謂太史公被腐刑，不欲言"掩"也。

按："義同而字異。或者謂……"，凌本作"義同而字異者。或謂……"，是。《史記》正文用"或謂"十次，三家注用"或謂"七次，無作"或者謂"者。中華本誤倒。

5/1464/12（注一三）"而謁王僚飲"《索隱》:謁，請也。本或作"請"也。

按：凌本後尚有"《左氏》作'饗王'"一句，似可補。

5/1464/16（注一七）"使專諸置匕首於炙魚之中"《索隱》:《通俗文》云"其頭類匕，故曰匕首也"。

按：凌本、殿本《索隱》後尚有"短刃可袖者"五字，似可補。

5/1467/1（注四）"比至郢"《索隱》:定四年"戰于柏舉，吳入郢"是也。

按：凌本"比至郢"下無此《索隱》，而前"與唐、蔡西伐楚"下多《索隱》一條，云:"定四年《經》:'蔡侯以吳子及楚人戰于柏舉，楚師敗績，吳入郢'是也。"與此相近。然則此"定四年"後當有一"經"字。

5/1468/9（注三）"三行造吳師，呼，自剄"《正義》:造，干到反。

---

①　王永吉《史記殿本研究》，122頁。

按:"干到反",凌本作"千到反",是。"造"《廣韻》爲"七到切",可證。

5/1468/11 （注四）"吳師觀之,越因伐吳,敗之姑蘇"《索隱》:《左傳》定十四年曰:"越子大敗之,靈姑浮以戈擊闔廬,闔廬傷將指,還,卒於陘,去檇李七里。"

按:凌本"七里"後尚有"此云擊之檇李,又云敗之姑蘇,自爲乖異",可補。

5/1473/15 （注一）"十三年,吳召魯、衛之君會於橐皋"《索隱》:郎,發陽也,廣陵縣東南有發繇口。橐,音他各反。

按:凌本"發繇口"後有"橐皋,縣名,在壽春",可補。"橐,音他各反"作"橐,音吐各反",後有:"皋,音姑。"可補。

5/1474/12 （注六）"趙鞅怒,將伐吳,乃長晉定公"《索隱》:此依《左傳》文。案:《左傳》"趙鞅呼司馬寅曰:'建鼓整列,二臣死之,長幼必可知也。'"

按:凌本"建鼓整列"前尚有"日旰矣,大事未成,二臣之罪也",與《左傳》哀公十三年同,可補。

《齊太公世家》

5/1477/7 （注一）"太公望呂尚者,東海上人"《集解》:《呂氏春秋》曰:"東夷之土。"

按:"東夷之土",凌本作"東夷之士",正釋史文"東海上人",是也。《呂氏春秋·孝行覽·首時》即云:"太公望,東夷之士也。"可證。

5/1478/4（注一）"吕尚蓋嘗窮困，年老矣"《索隱》：譙周曰："吕望嘗屠牛於朝歌，賣飲于孟津。"

按："賣飲"，凌本、殿本作"賣飯"，《尚史》卷二十五、《繹史》卷十九皆引《古史考》："吕望嘗（《繹史》作常）屠牛於朝歌，賣飯于孟津。"清魏裔介《兼濟堂文集》卷十四《太公論》亦引作："譙周曰：吕望常屠牛於朝歌，賣飯於孟津。"考《太平御覽》卷八百五十："《說苑》曰：吕望行年五十，賣飯棘津。"

5/1482/12 "成公九年卒，子莊公購立。"

按：凌本後有《索隱》云："劉氏音神欲反。《系家》及《系本》並作'贖'。又上'成公脱'《年表》作'說'也"，可補。

5/1496/6（注二）"及即位，斷丙戎父足"《正義》：《左傳》云"乃掘而別之"，杜預云"斷其尸足也"。

按：凌本作"乃掘而刖之"，《左傳》亦同。中華本誤。

《魯周公世家》

5/1519/5（注二）"嘉天子命"《索隱》：徐廣云一作"魯"，"魯"字誤也。今《書序》作"旅"。《史記》嘉天子命，於文亦得，何須作"嘉旅"。

按：此《索隱》凌本作："'魯'字誤。《史記》意云周公嘉天子命，於文不必作'魯'"，論"魯"字是非，亦通。

5/1529/7（注四）"生子允"《索隱》：《系本》亦作"軌"也。

按：此《索隱》，凌本作"一本作兀，五忽反"（黃本無"本"字），可補。

5/1541/9（注六）"郈昭伯亦怒平子"《索隱》：按《系本》昭伯名惡，魯孝公之後，稱厚氏也。

按："厚氏"，凌本作"郈氏"，與史文合。清茆泮林輯《世本諸書論述》云："孝公生惠伯革，其後爲厚氏。《禮·檀弓》《正義》"、"郈昭伯名惡，魯孝公之後，稱郈氏。《史·魯世家》《索隱》。厚、郈古音同。"所見本亦作"郈氏"。

5/1545/8 "遇孟武伯于街。"

按："街"，凌本作"衢"，亦通。《左傳》哀公二十七年："遇孟武伯於孟氏之衢"，凌氏"衢"亦或據《左傳》而改。

5/1548/7（注一）"洙泗之間齗齗如也"《索隱》："鄭誕生亦音銀。"

按："鄭誕生"，凌本作"鄒誕生"，中華本蓋誤排。

《燕召公世家》

5/1553/11 "十七年卒，簡公立。"

按："十七年"，凌本作"十九年"，是。前句已言："平公十八年，吳王闔閭破楚入郢。"不得復言"十七年卒"也。

5/1554/10（注二）"釐公卒"《索隱》：《紀年》作"簡公四十五年卒"，妄也。按：上簡公生獻公，則此當是釐，但《紀年》又誤耳。

按：後"紀年"，凌本作"立年"，是。"立年又誤"，謂簡公在位實十二年，釐公在位實三十年，《紀年》此誤作"四十五年"，無論簡公、釐公，皆不確。此涉上"紀年"而誤。

5/1560/8 "（注五）唯獨大夫將渠"《索隱》：人名姓也。一云上"卿秦"及此"將渠"者,卿、將,皆官也;秦、渠,名也。國史變文而書,遂失姓也。《戰國策》云"爰秦",爰是姓也,卿是其官耳。

　　按:兩"爰"字,凌本皆作"慶",考今本《戰國策·燕策三》有"使庆秦以二十萬攻代",鮑本補曰"《史》作'卿秦'",則凌本近是。

《管蔡世家》

5/1570/9 "曹叔振鐸者"《索隱》:故題管、蔡而略曹也。

　　按:"題"凌本作"顯"。前條所引《索隱》有"而没其篇第"之"没",及此處"略曹"之"略",與此"顯"字義正相反,此作"顯"義較"題"長。

《陳杞世家》

5/1575/8 (注三)"至於周武王克殷紂,乃復求舜後"《索隱》:遏父爲周陶正。遏父,遂之後。陶正,官名。生滿。

　　按:前句言"遏父爲周陶正。"後句言"遏父,遂之後。"二"遏父"重複,疑其中本有脱誤。凌本此《索隱》作:"按:《左傳》虞遏父爲周陶正,以服事武王。杜注遏父,舜之後;陶正,官名。是生滿者也。"是也。"昔虞閼父爲周陶正,以服事我先王",見《左傳》襄公二十五年。杜預注云:"閼父,舜之後。當周之興,閼父爲武王陶正。"此作"遂之後",不如"舜之後"義佳。《左傳》隱公三年:"又娶于陳,曰厲嬀。生孝伯，早死。”孔穎達《正義》云：“陳國，侯爵。《譜》云：嬀姓，虞舜之後。當周之興，有虞遏父者，爲周陶正。武王賴其利器用，與其先聖之後，以元女大姬配遏父之子滿，封於陳，賜姓曰嬀，號胡公。”尤重其“先聖之後”，則此宜作“舜之後”。

5/1578/12（注六）“八世之後，莫之與京”《正義》曰：按：陳敬仲八代孫，田常之子襄子磐也。而杜以常爲八代者，以桓子無宇生武子開，與釐子乞皆相繼事齊，故以常爲八代。

按：《正義》後“而杜以常爲八代者”云云，前無交待，令人茫然，此必有奪漏也。凌本“按：陳敬仲八代孫”作“杜預云：敬八代孫”，是也。杜預所云即《左傳》莊二十二年“成子得政”杜預注：“成子，陳常也，敬仲八世孫。”

《衛康叔世家》

5/1590/8（注一）“成王長，用事，舉康叔爲周司寇，賜衛寶祭器”《集解》：《左傳》曰：“分康叔以大路、大旂、少帛、綪茷、旃旌、大呂。”賈逵曰：“大路，金路也。”

按：“金路”，凌本作“金路”，是。《周禮·春官·巾車》：“金路，鉤，樊纓九就，建大旗以賓，同姓以封。”《齊太公世家》“襄王使宰孔賜桓公文武胙、彤弓矢、大路”《集解》引賈逵曰：“大路，諸侯朝服之車，謂之金路。”此作“金路”，形譌。

5/1592/6（注二）“完母死，莊公令夫人齊女子之”《索隱》：子之，謂養之爲子也。齊女即莊姜也。《詩·碩人篇》美之是也。

按：“美之”，凌本作“閔之”，是。《毛詩序》：“《碩人》，閔莊姜也。莊公惑於嬖妾，使驕上僭，莊姜賢而不答，終以無子，國人閔而憂之。"至方玉潤《詩經原始》方有美莊姜說："《碩人》，頌衞莊姜而美賢也"，"此衞人頌莊姜美而能賢，非閔之也。"

《宋微子世家》

5/1617/7（注二）"乃命卜筮，曰雨，曰濟，曰涕"《索隱》：涕，音亦。《尚書》作"圛"。孔安國云"氣駱驛亦連續"。今此文作"涕"，是涕泣亦相連之狀也。

按："圛"凌本作"驛"，今本《書・洪範》即作"曰驛"。"氣駱驛亦連續"，凌本作"氣駱驛下連續"。考今本孔安國傳："氣落驛不連屬"，孔穎達疏："圛即驛也，故以爲兆。氣落驛不連屬。落驛，希疏之意也。"則"亦連續"應作"不連續"，凌本作"下"，亦誤，蓋較原本脫落一筆，亦可藉以略窺原貌。後"涕泣亦相連之狀"亦應作"涕泣不相連之狀"。

5/1622/1（注一）"微子開卒，立其弟衍，是爲微仲。"《索隱》：按：《家語》微子弟仲思名衍，一名泄，嗣微子爲宋公。雖遷爵易位，而班級不過其故，故以舊官爲稱。故二微雖爲宋公，猶稱微，至于稽乃稱宋公也。

按：凌本"二微"作"二子"，亦通。"猶稱微"，凌本作"猶微"，其義較勝。"猶微"者，猶微小未昌大，即前"雖遷爵易位，而班級不過其故"之意也。"至於稽"，凌本作"至子稽"，與下史文"微仲卒，子宋公稽立"相應，疑是。

1631/11（注二）"宋公子特攻殺太子而自立，是爲昭公"《索隱》：按：《左傳》景公無子，取元公庶曾孫公孫周之子德及啓畜于公宮。及景公卒，先立啓，後立德，是爲昭公。與此全乖，未知太史公據何爲此説。

按："宋公子特"下中華本有《索隱》云"昭公也。《左傳》作'德'"，凌本無。此《索隱》前凌本有"特一作'得'"，後"公孫周之子德"、"後立德"，兩"德"字皆作"得"，與今本《左傳》合。

《晉世家》

5/1652/5（注九）"恭太子更葬矣"《索隱》："更，作也。更喪謂改喪。"

按：凌本作"更，改也。更葬謂改葬"，是。史文作"更葬"，《索隱》"謂"字前當同，中華本作"更喪"，乃涉下而譌。又後作"改喪"，是訓"更"爲"改"，前"更，作也"，非。凌本是也。

5/1668/2（注十二）"恤朕身，繼予一人永其在位"《集解》：孔安國曰："當憂念我身，則我一人長安王位。"

按："王位"、凌本、殿本作"在位"，亦通。《尚書·周書·文侯之命》："予一人永綏在位"孔安國傳云："王曰：'同姓諸侯在我惟祖惟父列者，其惟當憂念我身。嗚呼！能有成功，則我一人長安在王位。"

5/1686/11（注一）"哀公大父雍，晉昭公少子也，號爲戴子"《集解》：徐廣曰："《世本》作'相子雍'，注云戴子。"

按："相子雍"，凌本作"桓子雍"，是，此蓋形譌，李光縉增修本亦作"相子雍"。前"故知伯乃立昭公曾孫驕爲晉君，是爲哀公"，

《索隱》：“《系本》亦云昭公生禮桓子雍，雍生忌，忌生懿公驕。”不誤。

5/1687/5（注三）“魏文侯以兵誅晉亂，立幽公子止，是爲烈公”《索隱》：《系本》云幽公生烈公止。

按：“烈公止”，凌本、殿本皆作“烈成公止”，《竹書統箋》卷十一、《春秋戰國異辭》卷十一、《尚史》卷十一、《繹史》卷一百一引《世本》亦作“烈成公止”。陳其榮增訂本《世本八種》即作“烈成公止”。

《楚世家》

5/1695/15（注一）“武王卒師中而兵罷”《集解》：《皇覽》曰：“……漢永平中，葛陵城北祝里社下於土中得銅鼎，而名曰‘楚武王’，由是知楚武王之冢。”

按：“名”，凌本作“銘”，謂其銘文作“楚武王”，義近。

5/1704/8（注一）“昔夏啓有鈞臺之饗”《集解》：杜預曰：“河南陽翟縣南有鈞臺坡。”

按：“坡”，凌本作“陂”，與《左傳》昭公四年“夏啓有鈞臺之享”杜預注同。是。

5/1715/10“楚兵走，吳乘勝逐之，五戰及郢。”

按：“走”，凌本作“奔”。《左傳·定公四年》：“楚人爲食，吳人及之。奔。食而從之。”作“奔”近是。

5/1718/6（注二）“迎越女之子章立之”《索隱》：閭塗，即攢塗也，故下云惠王後即罷兵歸葬。服虔說非。

按：“故下云惠王”，凌本作“故下立惠王”，與史文“立之”合。

云“下”者，此《索隱》當本在前句“伏師閉塗”之下，“下”謂“迎越女之子章立之，是爲惠王。然後罷兵歸，葬昭王”。

5/1720/5　（注一）“二十四年，簡王卒，子聲王當立”《正義》：《諡法》云“不生其國曰聲”也。

按：“不生其國”，凌本作“不主其國”，何謂“聲”，本有“不生其國”、“不主其國”二説，如《諡法》卷三釋“不主其國曰聲”即云：“强臣專國，君權已去，有君之名，無君之實，故曰聲。”此可備一説。

5/1722/12　（注四）“今君已爲令尹矣，此國冠之上”《索隱》：冠音官。

按：“冠音官”，凌本作“冠音貫”，是。由《索隱》後“令尹中最尊，故以國爲言，猶如卿子冠軍然”，可知此處“冠”應讀去聲，貫音去聲，是也。下史文“冠之上不可以加矣”下，凌本有《索隱》一條“冠音官”，讀平聲，是。中華本脱去後條音注“冠音官”，因譌此處“冠音貫”爲“冠音官”。

5/1725/10　“二十（六）年，齊湣王欲爲從長”《索隱》：按：下文始言二十四年，又更有二十六年，則此錯。云二十六年，衍字也，當是二十年事。

按：“二十（六）年”，凌本徑作“二十年”，且下《索隱》前多“俗本或作二十六年”一句。又凌本無“錯”字，與下“云二十六年”接，文意較順。

《越王句踐世家》

5/1752/13　“居無幾何，致産數十萬。”

按:"數十萬",凌本作"數千萬",是。下文"居無何,則致貲累巨萬"《集解》引徐廣曰:"萬萬也。""數千萬"與"萬萬"較近,若前作"數十萬",與後"巨萬"相懸數百倍,恐不值一説也。作"數千萬"近是。

5/1754/14（注一）"王乃使使者封三錢之府。"韋昭曰:"錢者,金幣之名,所以貿買物,通財用也。"單穆公云:"古者有母權子,子權母而行,然則三品之來,古而然矣。"

按:"母權子",凌本作"母平子",義同。考《周語下》:"民患輕,則爲作重幣以行之,於是乎有母權子而行,民皆得焉。若不堪重,則多作輕而行之,亦不廢重,於是乎有子權母而行,小大利之。"然韋昭注引單穆公説實云"古者有母平子、子權母而行"。此作"母平子"是。

《趙世家》

6/1787/2 "公孫支書而藏之。"

按：凌本下有《索隱》:"藏,一作籍。籍,録也,謂當時即記録,書之於籍也。"可補。

6/1799/12 "伐魏,敗涿澤"《正義》:涿,音濁。徐廣云長杜有濁澤,非也。《括地志》云:"濁水源出蒲州解縣東北平地。"爾時魏都安邑,韓、趙伐魏,豈河南至長杜也? 解縣濁水近于魏都,當是也。

按:史文及注"涿",凌本作"涿",殿本因之,是。"涿",《廣韻》通貫切,去換,透。從"彖"得聲,不得音"濁"。"涿",《廣韻》竹角切,入覺,知。濁,《廣韻》直角切,入覺,澄。"涿"、"濁"音近。《六國年表》亦作"敗魏涿澤,圍惠王",可證。

6/1808/11（注三）"使緤謁之叔"《索隱》：爲句。

按："爲句",凌本作"絶句",義近而佳。《夏本紀》"慎其身修"《正義》："以爲絶句"。《高祖本紀》"費將軍縱"《正義》："……以'縱'字爲絶句。"《禮書》"莊蹻起,楚分而爲四"《正義》："以'起'字爲絶句。"《魯仲連鄒陽列傳》"彼即肆然而爲帝,過"《正義》："至'過'字爲絶句。"《刺客列傳》"秦王貪"《索隱》："絶句。"末例與此尤同也。

6/1810/3（注四）"卻冠秫絀。"《集解》：徐廣曰："《戰國策》作'秫縫',絀亦縫紩之別名也。秫者,綦鍼也。古字多假借,故作'秫絀'耳。此蓋言其女功鍼縷之龘拙也。又一本作'鮭冠黎絻'也。"

按："秫者",凌本作"鉥者",是。今本《戰國策·趙策》實作"鉥縫",徐廣所引,似亦當作"鉥縫"。《集解》大意先言"縫"、"絀"同義,後言"鉥"、"秫"通用,故"鉥縫"可寫作"秫絀"。故因所引《戰國策》"鉥縫",釋"鉥"字本義爲"綦針",復言古字多假借,"秫"字因與"鉥"通,得"綦針"之義,故史文此可作"秫絀"。作"秫者",難顯《集解》之思路。

6/1818/11（注五）"秦以三郡攻王之上黨"《正義》：秦上黨郡今澤、潞、儀、沁等四州之地,兼相州之半,韓總有之。至七國時,趙得儀、沁二州之地,韓猶有潞州及澤州之半,半屬趙、魏。沁州在羊腸坡之西。

按："羊腸坡",凌本、殿本、正義本作"羊腸阪",是。《夏本紀》"太行、常山至於碣石,入于海"《正義》："《括地志》云：'太行山在懷州河內縣北二十五里,有羊腸阪。'"《魏世家》"昔者魏伐趙,斷羊

腸，拔闕與”《集解》：“徐廣曰：‘在上黨。’”《正義》：“羊腸阪道在太
行山上，南口懷州，北口潞州。”《蘇秦列傳》“一日而斷太行”《正
義》：“太行山羊腸阪道，北過韓上黨也。”《漢書‧地理志上》：“上党
郡……壺關，有羊腸阪。”中華本作“羊腸坡”乃形譌。

6/1832/16（注一）“以王遷降”《集解》：《淮南子》曰：“趙王遷
流於房陵，思故鄉，作爲山水之謳，聞之者莫不流涕。”

按：“流涕”，凌本作“隕涕”，與《淮南鴻烈解》卷二十“趙王遷流
於房陵，思故鄉，作爲山水之嘔，聞者莫不殞涕”合。隕、殞同。

《魏世家》

6/1855/7“此方其用肘足之時也，願王之勿易也！”

按：凌本“勿”前有“必”字，“必勿”（或“必無”、“必毋”）語氣
更強，近之。《燕召公世家》有“王必無自往，往無成功。”《越王句
踐世家》有“必毋忘越”，《趙世家》有“祭祀則祝之曰‘必勿使
反’”、“其政行，不可與爲難，必勿受也”。《穰侯列傳》有“願王之
必無講也”、“王必勿聽也”，《平原君虞卿列傳》有“君必勿聽也。”
而《穰侯列傳》“願王之必無講也”，句式尤近，亦有“必”字，可證
此作“必勿”佳。

《韓世家》

6/1867/14（注一）“列侯三年，聶政殺韓相俠累”《索隱》：《戰

國策》作"殺韓傀",高誘曰"韓傀,俠侯累也"。

按:"俠侯累",凌本作"俠累",是。除索隱本、局本,他未有作"俠侯累"者,恐誤。

6/1868/9（注一）"六年,韓嚴弒其君哀侯,而子懿侯立"《索隱》:……《戰國策》又有韓仲子,名遂,又恐是韓嚴也。

按:"韓仲子",凌本作"嚴仲子"。考今本《戰國策》亦不作"韓仲子",唯云:"韓傀相韓,嚴遂重於君,二人相害也。……聶政驚愈怪其厚,固謝嚴仲子……"則作"嚴仲子"是。

6/1871/12（注五）"乃警公仲之行"《索隱》:警,戒也。《戰國策》作"衛"。

按:"作'衛'",凌本作"作'徼',亦同"。考《戰國策·韓策一》正作"徼",凌本是也。

《田敬仲完世家》

6/1887/12（注三）"桓公召大臣而謀"《索隱》:……《戰國策》又有張田。

按:"張田",凌本作"張丑",是。考今本《戰國策·齊一·楚威王戰勝於徐州》有"嬰子恐,張丑謂楚王曰"、《魏一·張儀走之魏》有"張丑諫於王,欲勿内,不得於王"、《魏二;齊魏戰於馬陵》有"張丑曰'不可'"、《韓三·張丑之合齊楚講於魏》有"張丑之合齊、楚講於魏也"、《燕三·張丑爲質於燕》有"張丑爲質於燕"、《中山·犀首立五王》有"張丑曰:'不可'",皆作"張丑"。《楚世家》"田嬰恐,張丑僞謂楚王曰"、《孟嘗君列傳》"田嬰使張丑説楚威王”亦皆作“張丑”。索隱本、局本、中華本此作“張田”，乃形譌。

6/1891/4（注六）“大車不較，不能載其常任；琴瑟不較，不能成其五音”《索隱》：較者，校量也。言有常制，若大車不較，則車不能載常任，琴不能成五音也。

按：《索隱》“若大車不較，則車不能載常任，琴不能成五音也”，“若大車不較”，前提止一，而“則車不能載常任，琴不能成五音也”，結果有二，顯有脫誤。凌本作“若車不較，則車不能載常任；琴瑟不較，則琴不能成五音”，與史文合，義佳。

6/1893/7“田忌聞之，因率其徒襲攻臨淄，求成侯，不勝而犇。”

按：凌本“因”下有“遂”字。“因”、“遂”義皆爲於是、就。“因遂”爲同義連文，《史記》另有四例：《高祖本紀》“天下方未定，故可因遂就宮室”；《張儀列傳》“張儀去楚，因遂之韓”；《刺客列傳》“因遂自刎而死”；《樊酈滕灌列傳》“項羽亦因遂已，無誅沛公之心矣”。此蓋後人不知“遂因”同義連文之用法，誤刪“遂”字耳。又《晉世家》“及生子，文在其手曰‘虞’，故遂因命之曰虞”，“故遂因”可視爲三字同義連文。《漢書·循吏傳》亦有“遂因前曰”。

《孔子世家》

6/1934/13“求之至於此道，雖累千社，夫子不利也。”

按：凌本後有《索隱》：“二十五家爲社，千社即二萬五千家。”可補。

《外戚世家》

6/1968/13（注一一）"夫樂調而四時和，陰陽之變，萬物之統也"《索隱》：以言若樂聲調，能令四時和，而陰陽變，則能生萬物，是陰陽即夫婦也。

按：凌本《索隱》"而陰陽變"後復有"陰陽變"三字，義佳。他本蓋誤脫。

6/1969/7（注一）"呂娥姁"《索隱》：按《漢書》呂后名雉。

按："按《漢書》呂后名雉"，凌本作"按《漢書》小顏云呂后名雉，字娥姁"，是。"呂后名雉"非《漢書》本文，乃《漢書·高后紀》"高皇后呂氏"注："師古曰：'呂后名雉，字娥姁，故臣下諱雉也。姁，音許於反。'"有"小顏云"是。

6/1974/6（注六）"乃厚賜田宅金錢，封公昆弟，家于長安"《索隱》：公亦祖也，謂皇后同祖之昆弟，如竇嬰即皇后之兄子之比，亦得家于長安。

按："皇后之兄子"，凌本作"皇后從昆弟子"。考《魏其武安侯列傳》云："魏其侯竇嬰者，孝文后從兄子也。"則竇嬰非孝文后兄子，乃從兄子，此作"從昆弟子"，是也。

6/1979/5（注三）"武帝祓霸上還"《索隱》：蘇林音廢，今亦音拂，謂祓禊之，游水自潔，故曰祓除。

按："蘇林音廢"，凌本作"小顏祓音廢"。考《漢書·五行志中之上》"高后八年三月，祓霸上"注："師古曰：'祓者，除惡之祭也，音廢。'"《漢書·地理志上》"祓，侯國"注："師古曰：'音廢。'"《漢書·外戚列傳上》"帝祓霸上"注："……師古曰：'祓，音廢。禊，音系。'"

此《索隱》亦當爲引師古注，作"小顏被音廢"近是。

6/1979/14（注三）"陳皇后挾婦人媚道，其事頗覺，於是廢陳皇后"《索隱》:《漢書》云"女子楚服等坐爲皇后咒詛，大逆無道，相連誅者三百人"，乃廢后居長門宮。

按:"三百人"，凌本作"三百餘人"，與《漢書·外戚列傳上》合。

6/1985/4（注一）"鉤弋夫人姓趙氏，河間人也。"《索隱》:《漢書》云:"武帝過河間，望氣者言此有奇女，天子乃使使召之。"……《漢武故事》云"宮在直城門南"。《廟記》云:"宮有千門萬户，不可記其名也。"

按:"乃使使召之"，凌本作"亟使使召之"，與《漢書·外戚列傳上》合。又，凌本《索隱》《漢武故事》前有"《黃圖》云'鉤弋宮在城外'"一句，當補。

《齊悼惠王世家》

6/1999/6（注二）"諸民能齊言者皆予齊王"《索隱》:謂其語音及名物異於楚魏。一云此時人多流亡，故使齊言者皆還齊王。

按:"一云"，凌本作"孟康云"。考《高祖本紀》:"子肥爲齊王，王七十餘城，民能齊言者皆屬齊。"《集解》:"《漢書音義》曰:'此言時民流移，故使齊言者還齊也。'"《正義》:"按:言齊之遠國次秦中，故封子肥七十餘城，近齊城邑，能齊言者咸割屬齊。親子，故大其都也。孟説恐非。"《漢書音義》，孟康撰。又《漢書·高五王列傳》“諸民能齊言者皆與齊”注：“孟康曰：‘此時流移，故使齊言者還齊也。’師古曰：‘欲其國大，故多封之。’”則此所引“一云”，即孟康《漢書音義》語，凌本作“孟康云”，是也。

6/2008/8（注一）“齊臨菑十萬户，市租千金”《索隱》：市租，謂所賣之物出税，日得千金，言齊人衆而且富也。

按：“出税”，凌本作“出租”，義同。《孝文本紀》“今勤身從事而有租税之賦，是爲本末者毋以異”《集解》：“李奇曰：‘本，農也。末，賈也。言農與賈俱出租無異也。故除田租。’”《漢書·宣帝紀》“民毋出租賦”，《漢書·元帝紀》“其令郡國被災害甚者毋出租賦”、“郡國被地動災甚者無出租賦”、“行所過無出租賦”、“行所過毋出租賦”，《漢書·成帝紀》“被災害什四以上，民貲不滿三萬，勿出租賦”、“十萬以上，家無出租賦三歲”，《漢書·貢禹傳》：“歲有十二之利，而不出租税”，亦皆有“出租”、“出租賦”、“出租税”之説。“租”、“税”皆賦税之義，人所共知，無需更釋，此所釋者“市租”之義耳。以上下文觀之，以“所賣之物出租”釋“市租”，義佳，不必易“租”爲“税”。

《曹相國世家》

6/2032/2《索隱述贊》“北禽夏説，東討田溉”。

按：“田溉”，凌本作“田既”，是。本卷“得故齊王田廣相田光，其守相許章，及故齊膠東將軍田既”，《田儋列傳》“將軍田既軍于膠東”、“韓信已殺龍且，因令曹參進兵破殺田既於膠東”，皆作“田既”，《太史公自序》亦作“東討田既”，可證。

《留侯世家》

6/2044/1（注一）"夫關中左殽函"《正義》：殽，二殽山也，在洛州永寧縣西北二十八里。函谷關在陝州桃林縣西南十二里。

按："二殽山"，凌本作"三殽山"。趙一清《水經注箋刊誤》卷六"所謂二崤也"條："一清按：二當作三。胡渭云：'《河水篇》云：河之右則崤水注之，水出河南，盤崤山東北流，與石崤水合。水出石崤山，山有二陵：南陵、北陵也。又云：河水又東，千崤之水注之，水南導於千崤之山，即所謂三崤山也。'《史記正義》亦曰：'殽，三殽山也。在洛州永寧縣西北二十八里。'《北史》崔宏傳云：'三崤地險人多寇劫指謂此也。'"《秦本紀》"汝軍即敗，必於殽阨矣。"《正義》云："《括地志》云：'三殽山又名嶔岑山，在洛州永寧縣西北二十里，即古之殽道也。'"《樗里子甘茂列傳》"自殽塞及至鬼谷"《正義》云："三殽在洛州永寧縣西北。"皆作"三殽"，則此亦當作"三殽山"。又《秦本紀》《正義》作"西北二十里"，與此"西北二十八里"不同。

6/2049/10（注四）"以貌取人，失之子羽"《索隱》：……又《韓子》云"子羽有君子之容，而行不稱其貌"，與《史記》文相反。

按："韓子"，凌本作"家語"，是。《孔子家語·子路初見》有"澹臺子羽有君子之容，而行不勝其貌，宰我有文雅之辭，而智不充其辯"。《仲尼弟子列傳》"以貌取人，失之子羽"《索隱》云："《家語》'子羽有君子之容，而行不勝其貌。'"可證。《韓非子·顯學》云"澹臺子羽，君子之容也，仲尼幾而取之，與處久而行不稱其貌"，或即《家語》所本，而《索隱》所引，則固《家語》文也。

《絳侯周勃世家》

6/2077/2（注二）"後吳奔壁東南陬"《集解》：如淳曰："陬，隅也。"《索隱》：音子侯反。

按：凌本《索隱》作"音鄹，又音子侯反"。《漢書·周亞夫傳》"吳奔壁東南陬"注即作："淳曰：'陬，隅也。'師古曰：'音子侯反，又音鄹。'"。又《漢書·劉向傳》"孟陬無紀"注："師古曰：'陬，音子侯反，又音鄹。'"《漢書·袁盎傳》"飲醉西南陬卒，卒皆臥"注："師古曰：'陬，隅也。飲，音於禁反。陬，音子侯反，又音鄹。'"《漢書·王莽傳下》"室中西北陬間"注亦云："師古曰：'陬，隅也，音子侯反，又音鄹。'"則"音鄹"二字可補。

《梁孝王世家》

6/2088/6"時丞相以下見知之，欲以傷梁長吏，其書聞天子。"

按："見知之"，凌本作"具知之"，謂俱知之、皆知之。《漢書·文三王·梁孝王傳》亦云"時相以下具知之，欲以傷梁長史，書聞"。又《漢書·京房傳》有"石顯微司具知之，以房親近，未敢言"。《漢書·何並傳》有"先是，林卿殺婢婿埋冢舍，並具知之"。又《史記》、《漢書》"具知"用例甚多，如《史記·蕭相國世家》"漢王所以具知天下厄塞"《史記·刺客列傳》有"始公孫季功、董生與夏無且遊，具知其事，爲余道之如是"。《史記·淮南衡山列傳》："建具知太子之謀欲殺漢中尉。"《漢書·宣帝紀》:"具知閭里奸邪,吏治得失。"《漢書·蕭何傳》:"沛公具知天下阨塞,户口多少,强弱處,民所疾苦者,以何得秦圖書也。"又漢律,吏知他人犯罪而不舉,以故縱論處,謂"見知法"。《史記·平準書》:"自公孫弘以《春秋》之義繩臣下取漢相,張湯用峻文決理爲廷尉,於是見知之法生,而廢格沮誹窮治之獄用矣。"裴駰《集解》引張晏曰:"吏見知不舉劾爲故縱。"亦省作"見知"。《史記·酷吏列傳》:"(趙禹)與張湯論定諸律令,作見知,吏傳得相監司。"漢桓寬《鹽鐵論·刺複》:"故憯急之臣進,而見知廢格之法起。"然此處爲"俱知之"、"皆知之"之意,與"見知法"似無涉。

6/2104/10《索隱述贊》:仁賢者代,涽亂者族。

按:"涽亂",凌本作"悖亂"。《漢語大詞典》據此例立"涽亂"條,訓爲"作亂",蓋據《爾雅·釋詁下》:"涽,作也"爲釋,然《爾雅》所謂"作也",本謂《集韻》"涽,涽然興作皃"之義。且此處"涽亂"與"仁賢"對文,"仁賢"並列關係,此亦當爲並列關係,若作"涽亂"訓"作亂",則不倫矣。故知此"涽"蓋"悖"字之誤,凌本近是。又郝懿行《爾雅義疏》云"涽,通作悖",説或可通,然未見他例,此多是譌文。

《三王世家》

6/2114/1 "毋侗好軼,毋邇宵人"《索隱》:褚先生解云:"無好軼樂馳騁戈獵。"

按:"戈獵",凌本作"弋獵",是也,中華本顯誤。

《伯夷列傳》

7/2128/3（注五）"衆庶馮生"《索隱》：……鄒誕本作"每生"。每者，冒也，即貪冒之義。

按：凌本"即貪冒之義"作"冒即貪之義"。《韓世家》"遇于商於，其言收璽，實類有約也"《索隱》："劉氏云：'詐言昭魚來秦，欲得秦官之印璽'。收，即取之義也。"《南越列傳》"犁旦，城中皆降伏波"《索隱》："鄒氏云：'犁，一作比。比，音必至反。'然犁即比義，不煩更釋。又解犁，黑也，天未明而尚黑也。《漢書》、《史記》亦作'遲明'。遲，音稚。遲，待也，亦犁之義也。"與此同。作"冒即貪之義"近之。

7/2128/9（注九）"聖人作而萬物覩"《正義》：此有識也。聖人有養生之德，萬物有長育之情，故相感應也。此以上至"同明相照"是《周易·乾·象辭》也。太史公引此等得感者，欲見述作之意，令萬物有睹也。

按："太史公引此等得感者"，"得感"，凌本作"相感"，是。此《正義》前亦云"故相感應也"，可證。

7/2128/17（注一一）"顏淵雖篤學，附驥尾而行益顯。"《索隱》：蒼蠅附驥尾而致千里，以譬顏回因孔子而名彰也。

按："以譬"，凌本作"以喻"，義同。《史記》注中唯《衛康叔世家》"使師曹歌《巧言》之卒章"，《集解》作"杜預曰：……公欲以譬文子居河上而爲亂。"作"以譬"，其餘皆作"以喻"，《集解》用"以喻"二次（《樂書》"是故先王因爲酒禮，一獻之禮，賓主百拜"《集解》："鄭玄曰：'一獻，士飲酒之禮。百拜，以喻多也。'"《孔子世家》："鳥能擇木，木豈能擇鳥乎！"《集解》："服虔曰：'鳥喻己，木以喻所之之國。'"）《索隱》用"以喻"八次：《項羽本紀》"人言楚人沐猴而冠耳，果然"《索隱》："言獼猴不任久著冠帶，以喻楚人性躁暴。"《惠景閒侯者年表》"及從代來，吳楚之勞，諸侯子弟若肺腑"《索隱》："肺，音柿。腑，音附。柿，木劄也。附，木皮也。以喻人主疏末之親，如木劄出於木，樹皮附於樹也。"《禮書》"外是，民也"《索隱》："外謂人域之外，非人所居之地。以喻禮義之外，別爲它行，即是小人，故云外是人也。"《楚世家》"見鳥六雙，以王何取？"《索隱》："以喻下文秦趙等十二國，故云'六雙'。"《蘇秦列傳》"齊紫，敗素也，而賈十倍"《索隱》："謂紫色價貴於帛十倍，而本是敗素。以喻齊雖有大名，而其國中困弊也。"《范睢蔡澤列傳》"夫以秦卒之勇，車騎之衆，以治諸侯，譬若馳韓盧而搏蹇兔也"《索隱》："謂馳韓盧而搏蹇兔，以喻秦強，言取諸侯之易也。"《屈賈列傳》"固將制於螻蟻"《索隱》："案：以喻小國暗主不容忠臣，而爲讒賊小臣之所見害也。"《李將軍列傳》"桃李不言，下自成蹊"《索隱》："以喻廣雖不能道辭，能有所感，而忠心信物故也。"皆無作"以譬"者，此處作"以喻"爲常。

《司馬穰苴列傳》

7/2159/1（注六）"穰苴先馳至軍，立表下漏待賈"《索隱》：立表謂立木爲表以視日景，下漏謂下漏水以知刻數也。

按："漏水"，凌本作"滴漏"，是。下，設置、使用，與上文"立"爲對文。滴漏即漏壺，以滴水多寡計時之器。作"漏水"，誤。

《孫子吳起列傳》

7/2164/7（注六）"是我一舉解趙之圍而收斃于魏也"《索隱》：謂齊今引兵據大梁之衝，是衝其方虛之時，梁必釋趙而自救，是一舉釋趙而斃魏。

按："斃魏"，凌本作"弊魏"，是。"收斃"之"斃"，通"弊"，《索隱》作"弊魏"，使魏疲弊，正同。作"斃魏"，義稍遠。

《伍子胥列傳》

7/2173/14（注三）"伍胥未至吳而疾，止中道，乞食"《索隱》：張勃，晉人，吳鴻臚嚴之子，作《吳錄》，裴氏注引之是也。

按："嚴"，凌本作"儼"，是。《三國志》卷四八有："寶鼎元年正月，遣大鴻臚張儼、五官中郎將丁忠弔祭晉文帝。"可證作"嚴"，誤。

7/2178/10（注四）"越王勾踐乃以餘兵五千人棲於會稽之上"《正義》："土地名，在越州會稽縣東南十二里。"

按："土地名"，凌本作"上，地名"，是。此條《正義》釋"會稽之上"之"上"。三家注例作"某，地名"，中華本作"土地名"，形譌。

《仲尼弟子列傳》

7/2201/4（注一）"子貢一使，使勢相破，十年之中，五國各有變"《索隱》：……故云："子貢出，存魯，亂齊，破吳，彊晉而霸越。"

按：《索隱》"子貢出"，凌本作"子貢一出"，是。此引史文，史文即爲"子貢一出"，後亦有"子貢一使"，有"一"字義佳。

7/2203/11（注一）"孔子既没，子夏居西河"《正義》："《括地志》云：謁泉山一名隱泉山。"

按："謁泉山"，凌本作"竭泉山"，是。《太平御覽》卷六十四亦作"竭泉山"。泉竭則隱，隱泉一作竭泉，於理可通，作謁泉則難解。中華本蓋形譌。

7/2203/11（注一）"孔子既没，子夏居西河"《正義》：《注水經》云"其山崖壁五，崖半有一石室，去地五十丈，頂上平地十許頃。"

按："壁五"，凌本作"壁立"，是。考《水經注》卷六"文水……東入於汾"注云："其山石崖絕險，壁立天固，崖半有一石室，去地可五十餘丈。"可證作"壁五"乃"壁立"之形譌。

7/2207/9（注一）"原憲字子思"《索隱》：鄭玄曰魯人。《家語》云："宋人。少孔子三十六歲。"

按："鄭玄曰魯人"，凌本無，蓋前《集解》已云，故省略之。《索隱》"宋人"後，凌本有"所記不同"。引《孔子家語》與他說不同者，《索隱》多有"不同"、"與之不同"等說明。如本卷少"孔子三十歲"《索隱》："《家語》'少孔子四十九歲'，此云'三十'，不同。""此國有賢不齊者五人"《索隱》："《家語》云'不齊所父事者三人，所兄事者五人，所友者十一人'，與此不同。""有若少孔子四十三歲"《正義》："《家語》云'魯人，字有，少孔子三十三歲'，不同。"此有"所記不同"，是。

7/2215/13 "有若少孔子四十三歲"《索隱》：《家語》云："魯

人,字子有,少孔子三十三歲。"今此傳云"四十二歲",不知傳誤,又所見不同也。《正義》:《家語》云"魯人,字有,少孔子三十三歲",不同。

　　按:"少孔子四十三歲",凌本作"少孔子十三歲",疑是。下云:"孔子既没,弟子思慕。有若狀似孔子,弟子相與共立爲師,師之如夫子時也。"孔子没年七十三,古稀之年,衰老必甚。有若倘少孔子四十三歲,此時年三十耳,而立之年,與孔子狀必相徑庭。若止少孔子十三歲,此時年六十,則與孔子宜多似也。又考《家語》卷九云:"有若,魯人,字子有,少孔子三十六歲。"與《索隱》所引又不同。

　　7/2225/10(注一)叔仲會字子期。《索隱》:《家語》:"魯人。少孔子五十四歲。與孔璇年相比,二孺子俱執筆迭侍于夫子,孟武伯見而放之。"

　　按:"見而放之",凌本作"見而訪之",是。考《家語》卷九云:"叔仲會,魯人,字子期,少孔子五十歲,與孔琁年相比,每孺子之執筆記事於夫子,二人迭侍左右。孟武伯見孔子而問曰:'此二孺子之幼也,於學豈能識於壯哉?'孔子曰:'然少成則若性也,習慣若自然也。'"可知作"放",誤。

《商君列傳》

　　7/2230/2(注二)"有獨知之慮者,必見敖於民"《索隱》:《商君書》作"必見鶩於人"也。《正義》:敖,五到反。

　　按:"見謷",凌本作"見訾",是。考今本《商君書·更法》即作:"有獨知之慮者,必見訾於民。""敖"音五到反,通"傲";"鶩"音去声亦通"傲",若《商君書》作"驁",可不必特列出,亦可知此處所引當作"見訾"。

7/2231/4(注七)"事末利及怠而貧者,舉以爲收孥"《索隱》:……以言懈怠不事事之人而貧者,則糾舉而收録其妻子,没爲官奴婢,蓋其法特重于古也。

按:凌本《索隱》末有"孥,音奴。"可補。

7/2233/5(注一)"魏居領阨之西,都安邑"《索隱》:蓋即安邑之東,山領險阨之地,即今蒲州之中條已東,連汾、晉之嶮嶝也。

按:凌本《索隱》後有"阨,阻也"(黄本史文作"嶺厄之西",《索隱》作"厄,阻也"),可補。

7/2238/6(注四)"卒受惡名于秦,有以也夫!"《集解》:《新序》論曰:"……内不阿貴寵,外不偏疏遠……"

按:"阿",凌本作"私",《西漢文紀》卷二十二、《漢魏六朝百三家集》卷九等所引此段,亦作"私"。偏、私對文,指祖護私情,不公正。商君權傾于君,何須"阿"貴寵乎? 作"私"義佳。

《蘇秦列傳》

7/2252/17(注一七)"皆陸斷牛馬,水截鵠雁,當敵則斬堅甲鐵幕"《索隱》:……劉云:"謂以鐵爲臂脛之衣,言其劍利,能斬之也。"

按:"劉云",凌本作"劉氏云"。考《史記索隱》中所引,作"劉氏云"凡一百零一處,不合僅此處作"劉云"。《史記》他三處作

"劉云"者,皆《正義》文(《范睢蔡澤列傳》"敝衣間步之邸"《正義》:"劉云'諸國客館'"。《刺客列傳》"漆其頭以爲飲器"《正義》:"劉云:'酒器也,每賓會設之,示恨深也。'""乃朝服,設九賓"《正義》:"劉云:'設文物大備,即謂九賓,不得以《周禮》九賓義爲釋。'")

7/2256/9(注五)"廝徒十萬"《索隱》:廝,音斯。謂廝養之卒。斯,養馬之賤者,今起爲之卒。

按:"斯,養馬之賤者",凌本作"廝,養馬之賤者",是。

7/2258/14(注六)"是故恫疑虛猲"《索隱》:劉氏云:"秦自疑懼,不敢進兵,虛作恐怯之詞,以脅韓、魏也。"

按:"恐怯",凌本作"恐猲"。恐怯,義爲畏怯、害怕。"恐猲",即恐嚇,猶虛張聲勢,與下"以脅韓、魏"相應。作"恐猲"是也。

7/2260/8(注八)"北有陘塞、郇陽"《索隱》:陘山在楚北境。威王十一年,魏敗楚陘山是也。郇,音荀。北有郇陽,其地當在汝南、潁川之界。檢《地理志》及《太康地記》,北境並無郇邑。郇邑在河東,晉地。計郇陽當是新陽,聲相近,字變耳。汝南有新陽縣,應劭云"在新水之陽",猶崗邑變爲枸,亦當然也。徐氏云"郇陽當是慎陽",蓋其疏也。

按:"猶崗邑變爲枸,亦當然也",凌本作"猶崗邑變爲枸邑,圁陰變爲圜陰爾,郇亦當然也"。中華本所據疑有脫漏。又"郇陽當是慎陽",凌本作"郇陽當是順陽",考前《集解》:"徐廣曰:'……析縣有鈞水,或者郇陽今之順陽乎?'"則作"順陽"是。

7/2260/14"患至而后憂之,則無及已。"

按:凌本作"患至其後憂之",《志疑》云:"《策》作'而後',是。"考《經詞衍釋》卷五:"其,猶而也。《孟子》'何爲其號泣也'、

《秦策》：'卞隨、務光、申屠狄，人主豈得其用哉？'其皆而義。"《文選·屈原〈離騷經〉》"時亦猶其未央"舊校："五臣本作而字。"蔡邕《郭有道碑文》"言觀其高"舊校："五臣本其作而字。"《史通·言語》"經千載其如一"浦起龍通釋："其，一作而"。亦可證"其"、"而"常通用。

7/2267/8 "王誠能無羞從子母弟以爲質。"

按："從子"，凌本作"寵子"。《史記》史文"寵子"他凡二見：《楚世家》"共王有寵子五人"、《鄭世家》"鄭文公有三夫人，寵子五人"，指寵信之子，與"母弟"皆謂關係親近。作"寵子"義佳。

7/2273/6（注五）"我離兩周而觸鄭，五日而國舉"《索隱》：離，如字。謂屯兵以罷二周也，而乃觸擊于鄭，故五日國舉。舉，猶拔也。《正義》：離，歷也。歷二周而東觸新鄭州，韓國都拔矣。

按："屯兵以罷二周"，凌本作"屯兵以離二周"，是。

《張儀列傳》

7/2283/15（注四）"是我一舉而名實附也"《索隱》：名謂傳其德也，實謂土地財寶。

按："傳其德"，凌本作"博其德"，是。前史文"欲王者務博其德"，可證。中華本蓋形譌。又"土地財寶"，凌本作"得其土地財寶也"，以前"博其德"爲動賓結構觀之，此有"得"字佳。

7/2303/15（注三）"中國無事"《索隱》：謂山東諸侯齊、魏之大國等。《正義》：中國，謂關東六國。無事，不共攻秦。

按："齊、魏之大國等"，淩本作"齊、魏之六國"，是。戰國時，齊、楚可稱大國，魏未得稱大國也。當與下《正義》同作"六國"。

7/2305/3（注三）"成其衡道"《索隱》：張儀說六國，使連衡而事秦，故云"成其衡道"。然山東地形從長，蘇秦相六國，令從親而賓秦也。關西地形衡長，張儀相六國，令破其從而連秦之衡，故謂張儀爲連橫矣。

按："故謂張儀爲連橫矣"，黃本作"故蘇爲合從，張儀爲連橫也"，淩本作"故蘇爲合從，張爲連橫也"。案其上文，分言蘇、張二人事，則淩本較近。

《樗里子甘茂列傳》

7/2308/5（注三）"盡出其人"《索隱》：年表云十一年拔魏曲沃，歸其人。又《秦本紀》惠文王後元八年，五國共圍秦，使庶長疾與戰脩魚，斬首八萬。十一年，樗里疾攻魏焦，降之。則焦與曲沃同在十一年明矣。

按："同在十一年明矣"，淩本作"同在十一年拔明矣"，多一"拔"字，文義更順。

7/2310/13 "學百家之術。"

按：淩本作"學百家之說"，考《史記》他無作"百家之術"者，而《范睢蔡澤列傳》有"五帝三代之事，百家之說，吾既知之"，疑此亦當作"百家之說"。

7/2318/12（注四）"而内行章義之難"《索隱》：……案《戰國策》云"納章句之難"也。

按："納章句之難",凌本作"内句章昧之難"。考《戰國策·楚策》："且王嘗用滑於越而納句章,昧之難……",凌本是。

7/2319/8 "大項橐生七歲爲孔子師,今臣生十二歲於兹矣,君其試臣,何遽叱乎?"《索隱》:橐,音托。尊其道德,故云大項橐。

按：史文"大項橐",凌本作"夫項橐",《索隱》"故云大項橐",凌本作"故云項橐"。"夫"爲助詞,用於句首,表發端,與"今"合用,甚爲常見,表示某事昔曾如何,現在又如何。用例甚多,今不贅舉。此蓋《史記》原作"夫項橐",義顯,故《集解》無説,而唐以前已誤作"大項橐",《索隱》因釋所以爲"大項橐"之意,而凌本史文仍沿舊本作"夫項橐",因删《索隱》之"大"字。

《白起王翦列傳》

7/2332/12（注一二）"昭王四十三年,白起攻韓陘城"《正義》：陘庭故城在曲沃縣西北二十里,在絳州東北三十五里也。

按："陘庭",凌本作"陘城",與史文合。又《范睢蔡澤列傳》"昭王四十三年,秦攻韓汾陘,拔之"《正義》亦云："按：陘庭故城在絳州曲沃縣西北二十里汾水之陽。"亦作"陘庭",實"陘庭"、"陘城"未可一一對應,可參馬保春《陘庭、熒庭、陘城小考》一文（載《中國歷史地理論叢》2005 年第 1 期）。

7/2340/1（注四）"與蒙恬會城父"《正義》："又許州華縣東北四十五里亦有父城故城。"

按："華縣",凌本作"葉縣",是。考《舊唐書》卷三十八《地理志一》："葉　隋縣。武德四年,置葉州。五年,廢縣,屬許州。開元四年，置仙州，領葉、襄城、方城、西平、舞陽五縣。二十六年，廢仙州，以葉屬汝州，襄、舞陽屬許州，方城還唐州，西平屬豫州。"又云："許州，望，隋潁川郡。武德四年，平王世充，改爲許州，領長社、長葛、許昌、繁昌、黃台、德強、臨潁七縣。貞觀元年，廢黃台、繁昌、德強三縣，以洧州之扶溝、鄢陵，汝州之襄城，嵩州之陽翟，北澧之葉縣來屬。十三年改置都督府，管許、唐、陳、潁四州，而許州領長社、長葛、許昌、鄢陵、扶溝、臨潁、襄城、陽翟、葉九縣。十六年，罷都督府。顯慶二年，割陽翟屬洛州。開元四年，割葉、襄城置仙州。二十六年，仙州廢，以葉、襄城、陽翟來屬。其年，又以葉、襄城屬汝州。二十八年，又以襄城來屬。是歲，又以葉屬汝州。天寶元年，改爲潁川郡。乾元元年，復爲許州。長慶三年，廢溵州爲郾城縣，屬許州。"可證。中華本所本蓋形謁。

7/2341/14 "夫爲將三世者必敗。必敗者何也？必其所殺伐多矣，其後受其不祥。"

按："必其"，凌本作"以其"，以，連詞，因爲，由於。"……何也？以……"句式甚常見，以《史記》爲例，如《六國年表》："傳曰'法後王'，何也？以其近己而俗變相類，議卑而易行也。"《宋微子世家》："殷有三仁焉"《集解》："何晏曰：'仁者愛人。三人行異而同稱仁者，何也？以其俱在憂亂寧民也。'"《儒林列傳》："然而縉紳先生之徒負孔子禮器往委質爲臣者，何也？以秦焚其業，積怨而發憤于陳王也。"又，《范睢蔡澤列傳》："天下有明主則諸侯不得擅厚者，何也？爲其割榮也。"易"以"作"爲"；《平津侯主父列傳》："偏袒大呼而天下從風，此其故何也？由民困而主不恤，下怨而上不知也，俗已亂而政不修，此三者，陳涉之所以爲資也。"易"以"作"由"，而用法皆相同。

《平原君虞卿列傳》

7/2367/1 “十九人相與目笑之而未廢也”《索隱》：按：鄭玄曰：“皆目視而輕笑之，未能即廢棄之也”。

按：“未廢也”，凌本作“未發也”，《索隱》前有：“發，一作廢”。發，表達、說出，即發言也。《讀書雜志·漢書第十二·王貢兩龔鮑傳》“慎毋有所發”王念孫按：“發，謂發言也。”宋沈作喆《寓簡》卷十：“大抵譏誚之語，先發者未必切害，而報復者往往奇險深酷。”又《列子·力命》“窮年不相謫發”殷敬順釋文：“發，謂攻其惡。”此處“發”亦略近之。

《魏公子列傳》

7/2383/13 （注一）“魏公、薛公”《索隱》：史不記其名。

按：“史不記其名”，凌本作“史失其名”。按“史不記其名”，爲客觀上未記其姓名，《索隱》中僅一處，即《孟子荀卿列傳》“而趙亦有公孫龍，爲堅白同異之辯，劇子之言”《索隱》：“著書之人姓劇氏而稱子也，前史不記其名，故趙有劇孟及劇辛也。”此外皆作“史失其名”，謂前史或有，然今失之。如《秦本紀》“成公立四年，卒。子七人，莫立，立其弟繆公”《索隱》：“秦自宣公已上皆史失其名。”《秦始皇本紀》“王知之，令相國昌平君、昌文君發卒攻毐”《索隱》：“昌平君，楚之公子，立以爲相，後徙于郢，項燕立爲荊王，史失其名。昌文君亦不知也。”《高祖本紀》“單父人呂公”《索隱》：“崔浩云：‘史失其名，但舉姓而言公。’”“遇剛武侯”《正義》：“顏師古云：‘史失其名姓，唯識其爵號，不知誰也，不當改爲剛侯武。應氏以爲懷王將，又云魏將，無據矣。'表六年三月封。孟、顏二人説是。"《鄭世家》"鄭人共立其子掘突，是爲武公"《索隱》："譙周云'名突滑'，皆非也。蓋古史失其名，太史公循舊失而妄記之耳。"《萬石張叔列傳》"奮長子建，次子甲，次子乙"《正義》："顏師古云：'史失其名，故云甲乙耳，非其名也。'"此例，與《高祖本紀》"單父人呂公"尤近，亦當作"史失其名"。

《春申君列傳》

7/2388/3 "先帝文王、莊王之身，三世不妄接地于齊，以絶從親之要。"

按："妄"，凌本作"忘"。此段春申君之言，主旨爲存楚有益於秦，此句謂文、莊三世不忘使國土與齊相接，以斷絶合縱聯盟之中部地帶，有益於秦。若作"不妄接地于齊"，其意正相反。作"不忘"是也。

7/2389/5（注一一）："以臨仁、平丘"《集解》：徐廣曰："屬陳留。"《索隱》：仁及平丘，二縣名。謂以兵臨此二縣，則黃及濟陽等自嬰城而守也。《地理志》平丘縣屬陳留，今不知所在。

按："今不知所在"，凌本作"仁、闕"，是。《史記索隱》釋地名，云"不知所在"者凡九處，皆實不明其地之具體位置，如：《夏本紀》"蔡、蒙旅平"《集解》："孔安國曰：'蔡，蒙，二山名。祭山曰旅。平，言治功畢也。'鄭玄曰：'《地理志》蔡、蒙在漢嘉縣。'"（按：據《漢書·地理志上》："青衣，《禹貢》蒙山溪大渡水東南至南安入渽"，則"蔡、蒙在漢嘉縣"當作"蒙山在漢嘉縣"）《索隱》："此非徐州之蒙，在蜀郡青衣縣。青衣後改爲漢嘉。蔡山，不知所在也。""封皋陶之後于英、六"《集解》："徐廣曰：'《史記》皆作英字，而以英布是此苗裔。'"《索隱》："《地理志》云：'安國六縣，咎繇後偃姓所封國。'英地闕，不知所在，以爲黥布是其後也。"《吳太伯世家》"二年，吳王悉精兵以伐越，敗之夫椒"《集解》："賈逵曰：'夫椒，越地。'杜預曰：'太湖中椒山也。'"《索隱》："賈逵云越地，蓋近得之。然其地闕，不知所在。"《衛康叔世家》"衛康叔"《索隱》："康，畿內國名。宋忠曰：'康叔從康徙封衛，衛即殷墟定昌之地。畿內之康，不知所在也。'"《晉世家》"後三年，秦果使孟明伐晉，報殽之敗，取晉汪以歸"《索隱》："《左傳》文二年，秦孟明視伐晉，報殽之役，無取晉汪之事。又其年冬，晉先且居等伐秦，取汪、彭衙而還。則汪是秦邑，止可晉伐秦取之，豈得秦伐晉而取汪也？或者晉先取之秦，今伐晉而取汪，是汪從晉來，故云取晉汪而歸也。彭衙在郃陽北，汪不知所在。"《蘇秦列傳》"禽夫差於干遂"《索隱》："干遂，地名，不知所在。""決宿胥之口"《索隱》："《紀年》作'胥'，蓋亦津名，今其地不知所在。"《樊酈滕灌列傳》："東從韓信攻龍且、留公于高密"《索隱》："留，縣，令稱公，旋其各也。高密，縣名，在北海，《漢書》作'假密'。假密，地名，不知所在，未知孰是。"而此處前既已引《地理志》云"平丘縣屬陳留"，不當復云"今不知所在"。疑"今"爲"仁"字之譌，"仁，不知所在"，義同凌本之"仁，闕"。

《范雎蔡澤列傳》

7/2412/13（注七）"射王股，擢王筋"《索隱》：……崔杼射莊公之股，淖齒擢湣王之筋，是説二君事也。

按：“擢湣王之筋”，凌本作“縮湣王之筋”。《小爾雅》：“縮，抽也。”宋翔鳳《小爾雅訓纂》：“《周語》：‘縮取備物’。韋注：‘縮，引也。’《説文》：‘抽，引也。’則抽、縮同義。”黄、凌作“縮”，不同史文，必有所本，疑作“擢”者蓋後人因史文而改。

7/2416/3 “貴而爲交者，爲賤也；富而爲交者，爲貧也。”

按：“貴而爲交者”，凌本作“貴而爲友者”，義同，更增錯綜之美。

《廉頗藺相如列傳》

8/2441/2 “秦王度之，終不可彊奪，遂許齋五日，舍相如廣成傳。”

按：“廣成傳”，凌本作“廣成傳舍”。“傳”誠有“驛”之義，然《史記》多作“傳舍”，此不應獨作“傳”。如：《外戚世家》：“姊去我西時，與我決於傳舍中。”《孟嘗君列傳》：“孟嘗君置傳舍十日。”“孟嘗君問傳舍長。”“又問傳舍長。”“復問傳舍長。”《平原君虞卿列傳》：“邯鄲傳舍吏子李同説平原君。”《黥布列傳》：“楚使者在，方急責英布發兵，舍傳舍。”《淮陰侯列傳》：“六月，漢王出成皋，東渡河，獨與滕公俱，從張耳軍修武，至，宿傳舍。”《酈生陸賈列傳》：“沛公至高陽傳舍”。《吳王濞列傳》：“至傳舍，召令。”《魏其武安侯列傳》：“武安乃麾騎縛夫置傳舍”。而《黥布列傳》“舍傳舍”，與此處尤同，作“舍相如廣成傳舍”是。且若史文唯作“傳”字，《索隱》例應有解釋，而此不釋“傳”字，亦可證史文當爲“傳舍”。

8/2451/10 （注七）“秦攻番吾”《正義》“在相州房山縣東二十

里也”。

按:“相州”,凌本作“桓州”,而“桓”字缺末筆。其實亦誤,當爲“恒州”。《趙世家》“番吾君自代來”《集解》:“徐廣曰:‘番音盤。常山有番吾縣’”《正義》:“《括地志》云:‘番吾故城在恒州房山縣東二十里。’番、蒲古今音異耳。”即作恒州不誤。此《正義》亦出《括地志》也。《舊唐書·地理志二》:“平山:漢蒲吾縣。屬常山郡,隋改爲房山縣。”番吾即蒲吾。相州在今河南,恒州在今河北。蓋本作“恒”,黃、凌等誤爲“桓”(缺末筆),局本、中華本又譌爲“相”。

《魯仲連鄒陽列傳》

8/2463/6 “子安取禮而來[待]吾君。”

按:“待”字乃中華本據《戰國策·趙策》增。凌本、殿本皆無“待”字,是。“來”,義爲慰勞。《詩·小雅·大東》:“東人之子,職勞不來。”毛傳:“來,勤也。”朱熹集傳:“來,慰撫也。”馬瑞辰通釋:“古以勤勞爲勤,慰其勤勞亦爲勤,故傳訓來爲勤。”王念孫《讀書雜志·漢書十六》“連語”:“《宣紀》:‘今膠東相成勞來不怠,流民自占八百餘口。’……勞來雙聲字,來亦勞也。字本作勑,《說文》曰:‘勑,勞勑也。’經史通作來,又作倈。勞來二字,有訓爲勸勉者,有訓爲恩勤者。”“來吾君”猶言“勞吾君”、“勤吾君”,與前“待吾君”義同,於義已足,不需增“待”字。

8/2465/11 (注二)“齊田單攻聊城”《索隱》:徐廣據《年表》,以爲田單攻聊城在長平後十餘年耳,言“三十餘年”,誤也。

按:“言‘三十餘年’”,凌本作“二十餘年”,與史文“其後二十餘年”合，作“三十餘年”，不確。

8/2469/13（注四）“恐死而負累”《正義》：諸不以罪爲累。

按：“罪”，凌本作“罪死”，是。《漢書·揚雄傳》：“因江潭而洍記兮，欽吊楚之湘累。”注：李奇曰：“諸不以罪死曰累，荀息、仇牧皆是。屈原赴湘死，故曰湘累也。”亦作“罪死”。

8/2471/7（注一）“昔卞和獻寶，楚王刖之”《索隱》：案世家，楚武王名熊通。文王名賢，武王子也。成王，文王子也，名惲。

按：“文王名賢，武王子也”，凌本作“文王名貲”。考《楚世家》：“子文王熊貲立，始都郢。”《十二諸侯年表》亦作“楚文王貲”，可證作“賢”誤。

8/2474/1（注三）“是以申徒狄自沉于河”《索隱》：《莊子》：“申屠狄諫而不用，負石自投河”。

按：“申屠狄”，凌本作“申徒狄”，與《莊子·盜跖》及史文合，長台關楚簡亦有《申徒狄》篇。又“自投”後，凌本有“於”字，與《莊子》合。

《屈原賈生列傳》

8/2488/1（注二）“易初本由兮，君子所鄙”《集解》：王逸曰：“由，道也。”《正義》：本，常也。鄙，恥也。言人遭世不道，變易初行，違離光道，君子所鄙。

按：“光道”，凌本、殿本作“常道”，是也，據前《集解》“由，道也”及《正義》“本，常也”，可知。

8/2496/12（注二〇）“固將制于螻蟻”《索隱》：《莊子》云庚桑楚謂弟子曰：“吞舟之魚，蕩而失水，則螻蟻能制之。”

　　按：“制之”，凌本作“苦之”。《莊子·庚桑楚》亦云：“吞舟之魚，碭而失水，則蟻能苦之。”

　　8/2498/11（注二）“形氣轉續兮，化變而嬗。”服虔曰：“嬗，音如蟬，謂變蛻也。”或曰蟬蔓相連也。《索隱》：韋昭云：“而，如也。如蟬之蛻化也。”蘇林云：“嬗音蟬，謂其相傳與也。”

　　按：“嬗音蟬，謂其相傳與也”，凌本作“嬗音禪，謂其相傳之也”。索隱本亦作“禪”，是也。“相傳與”，即“禪”（禪讓）之義，此“如蟬之蛻化”外另一解。若復作“嬗音蟬”，與下“相傳與”不相關聯矣。

　　8/2502/14（注二六）“細故慸葪兮，何足以疑！”《索隱》：……張楫云：“慸葪，鯁刺也。以言細微事故不足慸葪我心，故云‘何足以疑’也。”

　　按：“張楫”，凌本作“張揖”，是。揖字稚讓，可證作“楫”乃形譌。

　　8/2503/5（注三）“居頃之，拜賈生爲梁懷王太傅”《索隱》：“梁懷王名楫，文帝子。”

　　按：“楫”，凌本作“揖”，是。《漢書·文三王列傳》即作“揖”，《史記·梁孝王世家》：“孝文帝凡四男：長子曰太子，是爲孝景帝；次子武；次子參；次子勝。”《正義》：“《漢書》‘勝’作‘揖’。又云‘諸姬生代孝王參、梁懷王揖’。”可證。

《呂不韋列傳》

　　8/2506/3（注三）“子楚爲齊質子于趙”《索隱》：《穀梁傳》曰：“交質不及二伯”。

　　按：“交質”，凌本作“交質子”，與《春秋穀梁傳·隱公八年》合。

8/2510/15（注四）"布咸陽市門"《索隱》：《地理志》右扶風渭城縣，故咸陽，高帝更名新城，景帝更名渭城。

按："景帝"，凌本作"武帝"，是。考《漢書·地理志上》："渭城，故咸陽，高帝元年更名新城，七年罷，屬長安。武帝元鼎三年更名渭城。"可證此作"景帝"誤。

《刺客列傳》

8/2515/7（注一）"曹沫者，魯人也"《索隱》：《穀梁》此年惟云"曹劌之盟，信齊侯也"，又記不具行事之時。

按："又記不具行事之時"，凌本作"又不記其行事之時也"，"又不"與"惟云"呼應，是也。若作"又記不具行事之時"，則不通，又此處"記"謂何，難解矣。

8/2520/1（注四）"趙襄子最怨智伯"《索隱》：謂初則醉以酒，後又率韓、魏水灌晉陽，城不没者三板，故怨深也。

按："醉以酒"，凌本作"以酒灌"，是也。考《趙世家》："晉出公十一年，知伯伐鄭。趙簡子疾，使太子毋恤將而圍鄭。知伯醉，以酒灌擊毋恤。毋恤群臣請死之。毋恤曰：'君所以置毋恤，爲能忍詬。'然亦慍知伯。知伯歸，因謂簡子，使廢毋恤，簡子不聽。毋恤由此怨知伯。"可知醉者，知伯也，非趙襄子。知伯既醉而灌趙襄子，則此《索隱》作"醉以酒"，不確。

8/2524/13（注一）"聶政直入，上階刺殺俠累"《集解》：徐廣曰："韓烈侯三年三月，盜殺韓相俠累……"

按："韓烈侯"，凌本作"韓列侯"。《韓世家》："景侯卒，子列侯取立。列侯三年,聶政殺韓相俠累。"

《李斯列傳》

8/2547/8 "吾聞之荀卿曰:'物禁大盛。'"

按:"大",凌本作"太",同。《漢書·馮奉世傳附馮參傳》有"物禁太甚",義近,蓋皆古語。

《蒙恬列傳》

8/2567/8 "是時丞相李斯、公子胡亥、中車府令趙高常從。"

按:此及下行"公子胡亥",凌本作"少子胡亥"。《秦始皇本紀》:"三十七年十月癸丑,始皇出遊。左丞相斯從,右丞相去疾守。少子胡亥愛慕請從,上許之。"《李斯列傳》:"始皇三十七年十月,行出遊會稽,並海上,北抵琅邪。丞相斯、中車府令趙高兼行符璽令事,皆從。……少子胡亥愛,請從,上許之。"亦並作"少子胡亥"。

《魏豹彭越列傳》

8/2594/12 (注一)"有司治反形已具"《集解》:張晏曰:"扈輒勸越反,不聽,而云'反形已見',有司非也。"瓚曰:"扈輒勸越反,而越不誅輒,是反形已具。"

按：《集解》“反形已見”，凌本作“反形已具”，與史文合。《季布欒布列傳》：“今陛下一徵兵于梁，彭王病不行，而陛下疑以爲反，反形未見，以苛小按誅滅之。”作“見”，義爲顯現。而此處“具”，義爲定案，判決，與彼不同。作“見”，不確。

《黥布列傳》

8/2598/2（注六）“麗山之徒數十萬人，布皆與其徒長豪桀交通，迺率其曹偶”《索隱》：曹，輩也。偶，類也。謂徒輩之類。

按：“徒輩之類”，凌本作“徒之輩類”，近是。“徒”釋史文“其曹偶”之“其”，即上文“麗山之徒”，指服徭役之人。“輩”、“類”各與史文“曹”、“偶”相對。“其曹偶”釋作“徒之輩類”，字字落實。若作“徒輩之類”，則“類”字義虛，非解史文，不確。

8/2604/7　“是故當反”。

按：“故”，凌本作“固”，是。《史記》“固當”連用例甚多，如：《越王勾踐列傳》“弟固當出也”、《陳丞相世家》、《淮陰侯列傳》“天下已定，我固當烹”、《白起王翦列傳》“我固當死”、《屈原賈生列傳》“而固當改正朔”、《酷吏列傳》“身固當奉職死節官下”、《龜策列傳》“雖無湯武，時固當亡”等皆是。若此處，倘令尹前言當反之緣由，或可作“是故當反”，而下滕公問“其反何也”，令尹方云：“……故反耳”，可知前必爲“是固當反”，意爲“這種情況本來就是要謀反的”，而非“是故當反”（所以才會謀反）。

8/2604/13　“據敖庾之粟，塞成皋之口”《索隱》：案：《太康地記》云“秦建敖倉于成皋”。又云“庾”，故云“敖庾”也。

按：“敖庾”，凌本作“敖倉”。《史記》云“敖倉”凡二十八，而“敖庾”僅此一見。下“陛下安枕而臥，漢無事矣”《集解》引桓譚《新論》亦作：“中計云取吳、楚，並韓、魏，塞成皋，據敖倉。”《酈生陸賈列傳》亦云：“據敖倉之粟，塞成皋之險”、“今已據敖倉之粟，塞成皋之險”。則作“敖倉”近是。又此處《索隱》“又云庾，故云敖庾也”，難通，凌本作“又立庾，故亦云敖庾也”，是。“立庾”與“建倉”爲對文，作“又立庾”，義佳。

《淮陰侯列傳》

8/2609/9（注四）“常數從其下鄉南昌亭長寄食”《索隱》：案：《楚漢春秋》作“新昌亭長”。

按：《索隱》凌本作“案：《楚漢春秋》‘南昌’作‘新昌’。亭長者，主亭之吏也”，可補。《高祖本紀》“泗水亭長”《正義》亦云：“秦法十里一亭，十亭一鄉。亭長，主亭之吏。”

8/2615/8“吾聞兵法十則圍之，倍則戰。”

按：“戰”字下，凌本有“之”字。《孫子兵法·謀攻》：“故用兵之法，十則圍之，五則攻之，倍則分之，敵則能戰之，少則能守之，不若則能避之。”則作“戰之”佳。

《韓信盧綰列傳》

8/2632/7（注二）“及其鋒東鄉”《索隱》：姚氏云：“軍中將士

氣鋒。"

按："姚氏",凌本作"鄭氏"。《漢書·魏豹田儋韓王信傳》："及其邁東鄉可以爭天下"注："鄭氏曰：及軍中將士氣鋒也。"亦作"鄭氏"也。

8/2636/14（注九）"拜爲龍頷侯,續説後"《正義》：……元封元年,擊東越有功,封桉道侯。

按："桉道侯",凌本作"按道侯",是。《建元以來侯者年表》、《衛將軍驃騎列傳》、《東越列傳》皆作"按道侯",可證。此應統一。

《樊酈滕灌列傳》

8/2656/17（注一一）"從攻項籍,屠煮棗。"《索隱》：檢《地理志》無"煮棗",晉説是。

按：《索隱》云"晉説是",然前未言何爲"晉説"。凌本《索隱》此作"晉灼云：檢《地理志》無'煮棗'",是也。

8/2661/4　"破雍將軍焉氏。"《集解》：音支。《索隱》：上音於然反,下音支,縣名,屬安定。《漢書》云破章邯別將。《正義》：縣在涇州安定縣東四十里。

按："焉氏",凌本作"烏氏",是。《漢書·酈商傳》"別定北地郡,破章邯別將于烏氏、枸邑、泥陽"注："師古曰：'烏氏,安定縣也。'"即作烏支。《史記·匈奴列傳》"烏氏"《集解》："徐廣曰：'在安定。'"《正義》："氏,音支。《括地志》云：'烏氏故城在涇州安定縣東三十里。周之故地,後入戎,秦惠王取之,置烏氏縣也。'"《史記·貨殖列傳》"烏氏倮"《集解》："韋昭曰：'烏氏,縣名,屬安定。倮,名也。’”《索隱》:“《漢書》作‘嬴’。烏氏,姓。氏,音支。倮,魯可反。”
《正義》:“縣,古城在涇州安定縣東四十里。倮,名也。”《漢書·地
理志下》安定郡屬縣有烏氏,云:“烏氏。烏水出西,北入河。都盧
山在西。莽曰烏亭。”注:“師古曰:‘氏,音支。’”皆可證此就作“烏
氏”,《集解》僅爲“氏”注音,“烏”自不需。而唐時,已形譌爲“焉
氏”,故《索隱》爲“焉”注音。

8/2669/7(注六)“所將卒斬右司馬、騎將各一人”《集解》:張
晏曰:“王右方之馬,左亦如之。”

按:《集解》“王”,凌本作“主”,是。《漢書·灌嬰傳》:“所將卒
斬右司馬、騎將各一人。”注亦作:“張晏曰:‘主右方之馬,左亦如
之。’”主,掌管也。如《史記·傅靳蒯成列傳》“斬車司馬二人”《集
解》:“張晏曰:‘主官車。’”《漢書·百官公卿表》“水衡都尉”注:“張
晏曰:‘主都水及上林苑,故曰水衡。主諸官,故曰都。有卒徒武
事,故曰尉。’”同《周禮》之“掌”,此作“王”,形譌。

《傅靳蒯成列傳》

8/2709/13“降吏卒四千一百八十人。”
按:“一百”,凌本作“六百”,與《漢書·靳歙傳》合。

《劉敬叔孫通列傳》

8/2716/11“夫與人鬬,不搤其亢”《集解》:張晏曰:“亢,喉嚨

也。"《索隱》：撎音尻，亢音胡朗反。一音胡剛反。蘇林以爲亢，頸大脈，俗所謂"胡脈"也。

按："亢"，凌本作"肮"，後"此亦撎天下之亢而拊其背也"，凌本"亢"亦作"肮"。肮，咽喉。《史記·張耳陳餘列傳》"（貫高）乃仰絶肮，遂死"《集解》："韋昭曰：‘肮，咽也。’"《索隱》："蘇林曰：‘肮，頸大脈也，俗所謂胡脈。’"即作"肮"字。

2721/9（注四）"迺賜叔孫通帛二十匹，衣一襲"《索隱》：案：《國語》謂之"一稱"，賈逵案《禮記》"袍必有表不單，衣必有裳，謂之一稱"。杜預云："衣單複具云稱也。"

按："國語"，凌本作"古語"，是。檢今本《國語》，"稱"凡見 25 次，並無用作量詞指配合齊全的一套衣服者。《漢書·高祖本紀上》"常從王媼、武負貰酒"注："如淳曰：‘武，姓也。俗謂老大母爲阿負。’師古曰：‘劉向《列女傳》云：魏曲沃負者，魏大夫如耳之母也。此則古語謂老母爲負耳。’"亦謂據"古語"釋"負"爲"老母"，與此"稱"古語釋爲衣一套，用法正同。

《袁盎鼂錯列傳》

8/2748/8（注一）"鄧公，成固人也"《正義》：梁州成固縣也。《括地志》云："成固故城在梁州成固縣東六里，漢城固城也。"

按："漢城固城"，凌本作"漢成固城"，是。考《漢書·地理志上·漢中郡》作"成固"。《漢書·王莽傳中》："女作五威右關將軍，成固據守，懷羌於右。"此處史文及《漢書·袁盎鼂錯傳》亦云："鄧公，成固人也。"則漢時固作"成固"，此作"城固"非。《括地志輯校》

引此作"城固"，不確。

《張釋之馮唐列傳》

9/2752/13（注五）"豈敩此嗇夫諜諜利口捷給哉"《索隱》：
《漢書》作"喋喋"，口多言。

按：凌本《索隱》重"喋喋"二字，是。《索隱》引《漢書》作某，再
釋某義，例多復出此字（詞）。如：《孝武本紀》"冀至殊庭焉"《索
隱》："冀，《漢書》作'幾'。幾，近也。"《陳涉世家》"爲天下唱"《索
隱》："《漢書》作'倡'，倡謂先也。"《外戚世家》"因欲奇兩女"《索
隱》："《漢書》作'倚'。倚，猶依也。""心嚱之而未發也"《索隱》：
"《漢書》作'銜'。銜，猶恨也。"《絳侯周勃世家》"顧謂尚席取檯"
《索隱》："《漢書》作'箸'。箸者，食所用也。"《魏其武安侯列傳》"有
如兩宮螫將軍"《索隱》："《漢書》作'奭'，奭即螫也。""將軍貴人也，
屬之！"《索隱》："案：《漢書》作'畢'。畢，盡也。"《衛將軍驃騎列
傳》"爲麾下搏戰獲王"《索隱》："今《史》、《漢》本多作'傅'，傅猶轉
也。"《南越列傳》"分其弟兵就舍"《索隱》："《漢書》作'介'。介，被
也，恃也。"《司馬相如列傳》"嫵侵潯而高縱兮"《索隱》："《漢書》
'嫵'作'傑'。傑，仰也，音襟。"《汲鄭列傳》："無以逾人"《索隱》：
"案：《漢書》作'愈'，愈猶勝也。"皆可證此重"喋喋"義佳。

9/2754/11（注七）"使其中有可欲者，雖錮南山猶有郤"《索
隱》：若使厚殉，冢中有物，雖並錮南山，猶爲人所發掘也。

按："厚殉"，凌本作"厚葬"，是。《韓世家》"不穀將以楚殉韓"
《索隱》："從死也。"《左傳·文公六年》"以子車氏三子奄息、仲行、

鍼虎爲殉"杜預注："以人從葬爲殉"。此處"冢中有物",明指厚葬,與人殉無涉,作"厚殉"非也。

9/2755/4（注一）"頃之,上行出中渭橋"《索隱》:其中渭橋在古城之北也。

按:"古城",凌本作"故城",是。三家注例作"某某故城",不作"某某古城",作"古城"者,皆"故城"之誤。此誤他尚間有之,不贅舉。

9/2757/13（注三）"父老何自爲郎?"《索隱》:又小顏云:"年老矣,乃自爲郎,怪之也。"

按:凌本"乃自"前有"何"字,與《漢書》"父老何自爲郎? 家安在?"注:"師古曰:'言年已老矣,何乃自爲郎也?'"合,當據補。

9/2758/6（注七）"主臣"《索隱》:又魏武謂陳琳云"卿爲本初檄,何乃言及上祖。"

按:"言及上祖",凌本作"上及父祖",近是。《三國志》卷二十一有:"太祖謂曰:'卿昔爲本初移書,但可罪狀孤而已,惡惡止其身,何乃上及父祖邪?'"可證。

9/2760/4（注一三）"王遷立,乃用郭開讒,卒誅李牧"《索隱》:案:開是趙之寵臣。

按:"趙之寵臣",凌本作"趙王寵臣"。考《司馬穰苴列傳》有"願得君之寵臣",《商君列傳》有"因孝公寵臣景監以求見孝公",《刺客列傳》有"厚遺秦王寵臣中庶子蒙嘉",《佞幸列傳》有"孝文時中寵臣",皆作某王寵臣,《廉頗藺相如列傳》亦云"秦多與趙王寵臣郭開金",則此作"趙王寵臣"佳。

9/2760/14（注二〇）"終日力戰,斬首捕虜,上功莫府"《索隱》:又崔浩云:"古者出征無常處,以幕爲府舍,故云莫府。"

按:"古者出征無常處",凌本作"古者出征爲將,治無常處",義暢。《廉頗藺相如列傳》"市租皆輸入莫府"《索隱》："崔浩云：'古者出征爲將帥，軍還則罷，理無常處，以幕帟爲府署，故曰莫府。'"與此所引同。"治"、"理"義同，作"理"乃避諱。

《萬石張叔列傳》

9/2769/3（注二）"衞綰者，代大陵人也"《正義》：《括地志》云："大陵縣城在并州文水縣北十二里。"

按："十二里"，凌本作"十三里"，是。《趙世家》"十六年，肅侯遊大陵"《正義》："《括地志》云：'大陵城在並州文水縣北十三里，漢大陵縣城。'"可證。

9/2774/6 "而周文處韶"《索隱》：周文處譖者，謂爲郎中令，陰重，得幸出入臥內也。

按：凌本後有"故班固曰：'石建之澣衣，周仁之垢汙，君子譏之'是也"，可補。

《田叔列傳》

9/2779/4 "留，求事爲小吏，未有因緣也，因占著名數。"

按：凌本後有"家於武功"四字。下"武功，扶風西界小邑也，谷口蜀劃近山"正釋"武功"所在。又《索隱》："言卜日而自占著家口名數，隸於武功，猶今附籍然也。""隸於武功"，亦明史文當有"武功"字樣。

《扁鵲倉公列傳》

9/2787/11 "嬴姓將大敗周人于范魁之西。"

按：凌本後有《索隱》："范魁，地名，未詳。"《趙世家》："嬴姓將大敗周人于范魁之西，而亦不能有也。"後亦有《索隱》："范魁，地名，不知所在，蓋趙地也。"與此類似，則此處《索隱》當補。

9/2791/11（注七）"夫以陽入陰中，動胃"《正義》：《八十一難》云："脈居陰部反陽脈見者，爲陽入陰中，是陽乘陰也。脈雖時沈濇而短，此謂陽中伏陰也。脈居陽部而陰脈見者，是陰乘陽也。脈雖時沈滑而長，此謂陰中伏陽也。胃，水穀之海也。"

按："沈滑而長"，凌本作"浮滑而長"，與《難經本義》卷十"二十難"合，是也。"浮滑而長"與前"沈濇而短"正相對。

9/2796/14（注一）"至高后八年"《集解》：徐廣曰："意年三十六。"

按："三十六"，凌本作"二十六"。前云"高后八年，更受師同郡元里公乘陽慶"，此云"至高后八年，得見師臨菑元里公乘陽慶"。後云："今慶已死十年所，臣意年盡三年，年三十九歲也。"則淳于意對文帝語，年三十九，已去高后八年十年許，則高后八年時，淳於意宜乎二十六歲，作"意年三十六"，誤。

《吳王濞列傳》

9/2829/1 "佗封賜皆倍軍法。"

按："軍法"，凌本作"常法"。《集解》："服虔曰：'封賜倍漢之常法。'"與"軍法"無涉,作"常法"是。

9/2831/12 "吾據滎陽,以東無足憂者。"

按:凌本"滎陽"後重"滎陽"二字,與《漢書》卷三十五合,文義較暢。

《魏其武安侯列傳》

9/2843/9 (注三)"以禮爲服制"《索隱》:案:其時禮度踰侈,多不依禮,今令吉凶服制皆法於禮也。

按:"多不依禮",凌本作"多不依古",義暢。

《韓長孺列傳》

9/2863/8 (注二)"廷尉當恢逗橈,當斬"《索隱》:案:劭云"逗,曲行而避敵"。音豆。又音住,住謂留止也。

按:"劭云'逗,曲行而避敵'",凌本作:"如淳云:'軍法,行而逗留畏橈者,要斬。'"蓋本《漢書》:"是下恢廷尉,廷尉當恢逗橈,當斬。"注:"如淳曰:'軍法,行而逗留畏懦者要斬。'"當補。

《李將軍列傳》

9/2869/5 (注一)"天子使中貴人從廣勒習兵擊匈奴"《索隱》:案:董巴《輿服志》云:"黃門丞至密近,使聽察天下,謂之中貴人使者。"

按："黃門丞至密近"，凌本作"黃門丞主密近"，是。主，掌也，謂黃門丞之職掌。如本卷"劾系都司空"《索隱》："案：《百官表》云宗正屬官，主詔獄也。"《正義》："如淳云：'律，司空主水及罪人。'"《淮南衡山列傳》："淮南相怒壽春丞留太子逮不遣"《集解》："如淳曰：'丞主刑獄囚徒。'"《漢書·成帝紀》"閲典主省大費"注："師古曰：'司農中丞主錢谷顧庸，故云典主。'"《漢書·陳勝項籍列傳》"至咸陽，留司馬門三日"注："師古曰：'司馬主武事。'"《漢書·百官公卿表上》"又均官、都水兩長丞"注："服虔曰：'均官，主山陵上槁輸入之官也。'""郎中令，秦官"注："臣瓚曰：'主郎内諸官，故曰郎中令。'""武帝太初元年更名光禄勳"注："如淳曰：'光禄主宫門。'""衛尉，秦官，掌宫門衛屯兵"注："師古曰：'胡廣云主宫闕之門内衛士，于周垣下爲區廬。'""屬官有大廄、未央、家馬三令，各五丞一尉"注："師古曰：'家馬者，主供天子私用，非大祀戎事軍國所須，故謂之家馬也。'"

《匈奴列傳》

9/2882/8（注四）"其後百有餘歲，周西伯昌伐畎夷氏"《索隱》：韋昭云："春秋以爲犬戎。"按：畎，音犬，大顔云："即昆夷也。"

按："大顔"，凌本作"小顔"。本卷後"緄戎"《正義》："上音昆。字當作'混'。顔師古云：'混夷也。'韋昭云：'春秋以爲犬戎。'"又《漢書·五行志下》"廢后之父申侯與繒西畎戎共攻殺幽王"注："師古曰：'畎戎，即犬戎，亦曰昆夷。'"《漢書·匈奴傳上》

“其後百有餘歲，周西伯昌伐畎夷”注：“師古曰：‘西伯昌即文王也。畎，音工犬反。畎夷即畎戎也，又曰昆夷。昆字或作混，又作緄，二字並工本反。昆、緄、畎，聲相近耳。亦曰犬戎也。’”則此作“小顏”是。

9/2892/4（注一〇）“諸二十四長亦各自置千長、百長、什長”《索隱》：案：《續漢書·[百官]志》云：“里有魁，人有什伍。里魁主一里百家，什主十家，伍長五家，以相檢察。”

按：“人有”，凌本作“又有”，是。里魁、什、伍皆職名，前既云“里有魁”，後當即云“又有什伍”，作“人有”不辭。又“主魁主”，凌本作“主魁掌”，同。且下文“什主”、“伍長”，則作“里魁掌”，變文耳。

9/2908/10（注六）“以誘罷漢兵，徼極而取之。”《索隱》：按：徼，要也，謂要其疲極而取之。

按：凌本《索隱》無“按”字，作“罷，音疲”，可補。

9/2912/5“漢又遣故從驃侯趙破奴萬餘騎出令居數千里，至匈河水而還。”

按：“匈河水”，凌本作“匈奴河水”，與《漢書·匈奴傳上》合。本卷又“徙關東貧民處所奪匈奴河南、新秦中以實之”，《平準書》“車騎將軍衛青取匈奴河南地”，《漢書·景武昭宣元成功臣表·從票侯趙破奴》“元封三年，以匈奴河將軍擊樓蘭，封浞野侯”，亦有“匈奴河”之說。

9/2913/11“故約，漢常遣翁主。”

按：“翁主”，凌本作“公主”，是。本卷前云：“自是之後，孝景帝復與匈奴和親，通關市，給遺匈奴，遣公主，如故約。終孝景時，時小入盜邊，無大寇。”可證。漢實遣者誠翁主，而所約則固公主也。

此單于之語，當作"公主"。《漢書》此作"翁主"，非。《史記》有本此作"翁主"者，蓋據《漢書》誤改。

《衛將軍驃騎列傳》

9/2922/16 "青爲大中大夫。" 2923/6 "大中大夫公孫敖爲騎將軍，出代郡。"

按："大中大夫"，凌本作"太中大夫"。本卷後"（將軍郭昌）元封四年，乙太中大夫爲拔胡將軍，屯朔方"，即作"太中大夫"。

9/2927/9 "右内史李沮爲彊弩將軍。"

按："右内史"，凌本作"左内史"，是。前人已言之。

9/2929/4（注六）"生捕季父羅姑比"《索隱》：案：顏氏云："羅姑比，單于季父名也。"小顏云："比，頻也。"案下文既云"再冠軍"，無容更言頻也。

按：凌本作"顧氏"，是。顧氏即顧胤，著有《漢書古今集義》二十卷，《索隱》引其説三十餘處。《漢書》卷五五"捕季父羅姑比，再冠軍"注："師古曰：'亦單于之季父也，羅姑，其名也。比，頻也。'"顏師古此注亦采顧氏説而未標明，中華本因以爲即顏師古説也。

《平津侯主父列傳》

9/2955/16 "乃使邊境之民獘靡愁苦而有離心。"

　　按：“獎靡”，凌本作“靡敝”，與《漢書》卷六十四上所引合。《史記》他無作“獎靡”者，而“靡敝”他凡三出（見上條），《漢書》卷八十五亦有“百姓靡敝”、“靡敝天下”、“靡敝中國”，《漢書》卷六十四下有“靡敝國家”，可證。

《南越列傳》

　　9/2969/2（注一六）“陽山”《索隱》：姚氏案：《地理志》云揭陽有陽山縣。今此縣上流百餘里有騎田嶺，當是陽山關。

　　按：“揭陽”，凌本作“桂陽”，是。《漢書·地理志上》，桂陽郡有陽山，侯國。揭陽自是南海郡屬縣，與陽山無涉。

《東越列傳》

　　2982/5（注一）“上曰士卒勞倦，不許，罷兵，令諸校屯豫章梅嶺待命”《集解》：徐廣曰：“在會稽界。”《索隱》：徐廣云“在會稽”，非也。今案：豫章三十里有梅嶺，在洪崖山足，當古驛道。此文云“豫章梅嶺”，知非會稽也。

　　按：“今案：豫章”，凌本作“案，今豫章”，是。下“入白沙、武林”《集解》：“徐廣曰：‘在豫章界。’”《索隱》：“徐廣云在豫章界。案：今豫章北二百里，接鄱陽界，地名白沙，有小水入湖，名曰白沙沙。東南八十里有武陽亭，亭東南三十里地名武林。此白沙、武林，今當閩越之京道。”亦作“案：今豫章……”。

《朝鮮列傳》

9/2986/15 "元封二年,漢使涉何譙諭右渠"《索隱》:《説文》云:"譙,讓也。"諭,曉也。誚,音才笑反。

按:"譙諭",凌本作"誘諭",《索隱》前有"誘,一作'誚'"。誘諭,誘導教喻。《三國志》卷十五有:"習到官,誘諭招納,皆禮召其豪右。"晉道恒《釋駁論》:"乃大設方便,鼓動愚俗,一則誘喻,一則迫脅。"

9/2989/16 "樓船將軍亦坐兵至洌口。"

按:"洌口",凌本作"列口",與《漢書》卷九十五合。考《漢書·地理志下》,列口屬樂浪郡。

《西南夷列傳》

9/2994/14 (注二)"南越食蒙蜀枸醬"《索隱》:晉灼音矩。劉德云:"蒟樹如桑,其椹長二三寸,味酢;取其實以爲醬,美。"又云:"枸者,緣木而生,非樹也。今蜀土家出蒟,實似桑椹,味辛似薑,不酢。"又云"取葉"。此注又云葉似桑葉,非也。

按:前"又云",凌本作"小顔云","緣樹而生,非木也"作"緣木而生,非樹也"。考《漢書》"南粤食蒙蜀枸醬"注:"晉灼曰:'枸,音矩。'劉德曰:'枸樹如桑,其椹長二三寸,味酢。取其實以爲醬,美,蜀人以爲珍味'。師古曰:'劉説非也。子形如桑椹耳。緣木而生,非樹也。子又不長二三寸,味尤辛,不酢。今宕渠則有之。食,讀曰飼。'"則"緣樹而生"云云,非劉德説,乃顏師古説,凌本是。

《司馬相如列傳》

9/2999/12（注五）"從遊説之士齊人鄒陽、淮陰枚乘、吳莊忌夫子之徒"《集解》:徐廣曰:"名忌,字夫子。"《索隱》:徐廣、郭璞皆云名忌字夫子。案:《鄒陽傳》云枚先生、嚴夫子,此則夫子是美稱,時人以爲號。

按:"此則",凌本作"則此",是。"則此"者,據《鄒陽傳》有"嚴夫子"之説,則此處之"莊忌夫子"亦美稱也。又凌本後有"而徐廣云字爲非",可補。

9/3006/14（注一九）"案衍壇曼"《索隱》:司馬彪云:"案衍,窊下;壇曼,平博也。"衍,音弋戰反。

按:凌本《索隱》後有"壇,音徒旦反。"當補。

9/3010/10（注一〇）"軼野馬而轊駒騄"《索隱》:轊駒騄。上音衛。轊,車軸頭也。謂車軸衝殺之。駒騄,野馬。

按:凌本《索隱》作:"轊,音衛。謂軸頭轊而殺之。駒,音陶。騄,音塗。"釋二字之音,當補。

9/3012/2（注七）"揚袘卹削"《索隱》:揚袘戌削。張晏曰:"揚,舉也。袘,衣袖也。戌削,裁制貌也。"

按:"張晏曰",凌本作"張揖云"。"裁制",凌本作"刻除"。考《漢書·司馬相如傳上》"紛紛裶裶,揚袘戌削"注:"張揖曰:'紛,音芬。袘,衣袖也。戌,鮮也。削,衣刻除貌也。'師古曰:'揚,舉也。袘,曳也。或舉或曳,則戌削然見其降殺之美也。裶,音霏。袘,音弋示反。戍，讀如本字。’”則凌本近是。

9/3024/2（注一六）“散渙夷陸”《索隱》：司馬彪曰：“平地。”

按：凌本“平地”作“夷，平也。廣平曰陸”。據《漢書·司馬相如傳上》，爲師古注。

9/3032/10（注三）“蜥胡㲉蜒”《索隱》：郭璞曰：“㲉似鼺而大……”

按：“鼺”，凌本作“鼬”，與《漢書·司馬相如傳上》注、《文選·上林賦》注引郭璞説合，是。葉廷珪《海錄碎事》卷二十二下、《陝西通志》卷四十四《物產二》、《駢字類編》卷一百三十五、《佩文韻府》卷十七之四、《李太白集注》卷一《大獵賦》“頓㲉玃于穹石”注所引亦作“似鼬”。

9/3045/3（注一）“右弔番禺，太子入朝”《索隱》：案：姚氏弔讀如字。小顏云：“兩國相伐，漢發兵救之。令弔番禺，故遣太子入朝，弔非至也。”

按：凌本“小顏云”後作“兩國相伐，漢發兵救之。南越蒙天子德惠，故遣太子入朝，所以云弔爾，非訓至也”，與《漢書·司馬相如傳下》合。

9/3050/1（注一）“其義羈縻勿絶而已”《索隱》：案：羈，馬絡頭也。縻，牛韁也。

按：“牛韁”，凌本作“牛紖”，與《漢書·司馬相如傳下》師古注合。

9/3052/15（注二）“上咸五，下登三”《索隱》：虞憙《志林》云。

按：虞憙，凌本作“虞喜”，《索隱》多引作“虞喜”，此應統一。

9/3056/1（注六）“泪湒噏習以永逝兮”《索隱》：噏音許及反。《漢書》作“靸”，靸，輕舉意也。

按：凌本後"軟"字下有"然"字，作"軟然，輕舉意也"，與《漢書·司馬相如傳下》合。舊注時有"……然，……意（也）"用法，又釋單字，亦常加"然"字爲釋，如《周本紀》"其聲魄云"《集解》："魄然，安定意也。"《漢書·律曆志上》"介然有常"師古注："介然，特異之意。"《漢書·禮樂志》"票然逝"師古注："票然，輕舉意也。"《漢書·董仲舒傳》"晏然自以如日在天"師古注："晏然，自安意也。"《漢書·司馬相如傳上》"率乎直指"師古注："率然，直去意。"《漢書·司馬相如傳下》"於是天子沛然改容"師古注："沛然，感動之意也。"《漢書》卷六十四下"眇然絕俗離世哉"師古注："眇然，高遠之意也。"《漢書》卷六十六"漂然皆有節概"師古注："漂然，高遠意。"《漢書·揚雄傳上》"輕先疾雷而馭遺風"師古注："馭然，疾意也。"《漢書》卷七十"使湯塊然"師古注："塊然，獨處之意，如土塊也。"《漢書·外戚傳上》"泯不歸乎故鄉"師古注曰："泯然，滅絕意。""屑兮不見"師古注："屑然，疾意也。"《漢書·王莽傳中》"懼然祗畏"師古注："懼，音瞿。瞿然，自失之意也。""白黑紛然"師古注："紛然，亂意也，言清濁不分也。"

9/3071/8 "孟冬十月，君徂郊祀。"

按：凌本"徂"作"徂"，與《漢書·司馬相如傳下》合。下文有"馳我君輿"，則作"徂"，訓"往"義近。

《淮南衡山列傳》

10/3077/7 "士五開章等七十人。"

按："士五"，凌本作"士伍"，同。《史記》他多作"士伍"，如《秦本紀》：“爲士伍，遷陰密。”《高后功臣侯者年表·棘丘》：“四年，侯襄奪侯，爲士伍，國除。”《白起王翦列傳》：“於是免武安君爲士伍，遷之陰密。”本卷後“宗室近幸臣不在法中者，不能相教，當皆免削爵爲士伍，毋得宦爲吏。”此宜從凌本統一。

10/3078/6（注三）“大夫但”《索隱》：張揖曰大夫姓，非也。

按：“張揖曰”，凌本作“張晏云”，是。“張晏曰大夫姓”，謂《集解》：“張晏曰：‘大夫，姓也。上云男子但，明其姓大夫也。’”

《循吏列傳》

10/3099/3《索隱》：謂本法循理之吏也。

按：“本法循理”，凌本作“奉法循理”，是。本卷後有“奉法循理，無所變更，百官自正”。《太史公自序》：“奉法循理之吏，不伐功矜能，百姓無稱，亦無過行。作《循吏列傳》第五十九。”皆可證。又本卷首亦有“奉職循理，亦可以爲治，何必威嚴哉？”

《汲鄭列傳》

10/3111/2（注二）“吾今召君矣”《索隱》：今即今也。謂今日後即召君。

按：“今即今也”，不通。凌本作“今猶即今也”，義暢。若無“猶”字，當於“即今”前加逗號。

《儒林列傳》

10/3115/12（注三）"世以混濁莫能用，是以仲尼干七十餘君無所遇"《索隱》：縱歷小國，亦無七十余國也。

按：《索隱》"七十余國"，凌本作"七十餘君"，與史文呼應，義佳。

10/3121/7（注三）"呂太后時，申公遊學長安，與劉郢同師。"《索隱》：案：《漢書》云"呂太后時，浮丘伯在長安，申公與元王郢客俱卒學"也。

按：凌本"元王郢客"作"元王子郢"。《漢書・儒林傳》："呂太后時，浮丘伯在長安，楚元王遣子郢與申公俱卒學。"則凌本是也。又凌本《索隱》後有"郢即郢客"四字，乃《漢書》此句師古注，應補。

10/3123/12（注一）"此是家人言耳"《索隱》：案：《老子道德篇》近而觀之，理國理身而已，故言此家人之言也。

按：凌本"老子道德經"後有"雖微妙難通，然"六字，可補。

《大宛列傳》

10/3159/4（注六）"騫從月氏至大夏，竟不能得月氏要領"《索隱》：小顏以爲衣有要領。

按：凌本小顏說作："小顏以爲要，衣要；領，衣領。凡持衣者必執要與領，言騫不能得月氏意趣，無以持歸於漢。"與《漢書・張騫李廣利傳》小顏注合。

10/3173/3（注一）"以大鳥卵及黎軒善眩人獻于漢"《索隱》：小顏亦以爲植瓜等也。

按："植瓜等也"，凌本作："今之吞刀、吐火、植瓜、種樹、屠人、截馬之術皆是也。"較詳，可補。

《佞幸列傳》

10/3194/7（注一）"景帝時，中無寵臣，然獨郎中令周文仁"《索隱》：案：《漢書》稱"周仁"，此上稱"周文"，今兼"文"作，恐後人加耳。案：仁字文。

按："今兼'文'作"，凌本作"今兼'文'、'仁'"，是。"今兼'文'、'仁'"，謂史文"周文仁"，兼及"文"、"仁"二字。

《滑稽列傳》

10/3197/4 "《禮》以節人，《樂》以發和，《書》以道事，《詩》以達意，《易》以神化，《春秋》以義。"

按："《春秋》以義"，凌本作"《春秋》以道義"，前五書，"以"字後皆二字，凌本作"道（導）義"，義佳。《太史公自序》即作："是故《禮》以節人，《樂》以發和，《書》以道事，《詩》以達意，《易》以道化，《春秋》以道義。撥亂世反之正，莫近於《春秋》。"《漢書‧司馬遷傳》引司馬遷語亦作"《春秋》以道義。"

10/3200/3 "優孟，故楚之樂人也。"

按：凌本"優孟"後有"者"字，是。本卷太史公爲淳于髡、優孟、優旃三人作傳，前云："淳于髡者，齊之贅壻也"，後云："優旃者，秦倡侏儒也。"則此"優孟"後有"者"字佳。

《日者列傳》

10/3220/4 "行洋洋也，出門僅能自上車。"

按：凌本"出門"作"出市門"。考前有"司馬季主者，楚人也。卜於長安東市"，又有"二人即同輿而之市，游於卜肆中。"則此作"出市門"，與前呼應，近是。

《龜策列傳》

10/3226/5 "即以籌燭此地。"

按："籌"，凌本作"檮"，是。古書"木"旁、"扌"旁常混，此當統一。

10/3227/1 （注五）"蚖龍伏之"《集解》：徐廣曰："許氏説《淮南》云蚖龍，龍屬也。音決。"《索隱》：蚖蠬伏之。按：蚖当爲"蛟"。蠬音龍，注音決，誤也。

按："蚖龍"，凌本即作"蚖蠬"，與索隱本合。《集解》"音決"本爲"蚖"注音，《索隱》云："蠬音龙，注音決，誤也"，蓋誤以"音決"爲"蠬"注音，非也。

《貨殖列傳》

10/3258/3（注三）"變名易姓，適齊爲鴟夷子皮"《索隱》：大顔曰："若盛酒者鴟夷也，用之則多所容納，不用則可卷而懷之，不忤於物也。"

按："盛酒者鴟夷"，凌本作"盛酒之鴟夷"，是。《漢書·貨殖傳》"浮江湖，變姓名，適齊爲鴟夷子皮"師古注曰："自號鴟夷者，言若盛酒之鴟夷，多所容受，而可卷懷，與時張弛也。鴟夷，皮之所爲，故曰子皮。"亦可證。

10/3260/12（注一）"烏氏倮"《集解》：韋昭曰："烏氏，縣名，屬安定。倮，名也。"《索隱》：《漢書》作"嬴"。案：烏氏，縣名。氏，音支。名倮，音踝也。

按："《漢書》作'嬴'"，凌本作"《漢書》作'嬴'"，是。今本《漢書》即作"烏氏嬴"。又《索隱》"烏氏，縣名"，凌本作"烏氏，姓"。前《集解》已引韋昭説，以烏氏爲縣名，《索隱》既下案語，疑不當同，當以凌本爲是。"烏氏，姓"，乃《漢書》師古注，《索隱》時引之。又"名倮，音踝也"，凌本作"倮音魯可反"。

10/3269/14"領南、沙北固往往出鹽，大體如此矣。"

按："領南"，凌本作"纇"，即"嶺"，是。

10/3273/9（注九）"山居千章之材"《索隱》：《漢書》作"千章之萩"，音秋。服虔云："章，方也。"如淳云："言任方章者千枚，謂章，大材也。"樂產云："萩，梓木也，可以爲轅。"

按："如淳云"，凌本作"故孟康亦云"。《漢書·貨殖傳》"山居千章之萩。"注："孟康曰：'萩任方章者千枚也。'師古曰：'大材曰章，解在《百官公卿表》。萩即楸樹字也。其下並同也。'"則"言任方章者千枚"乃孟康説，凌本是。

10/3275/12（注一三）"馬蹄躈千"《索隱》：《埤倉》云……。若顧胤則云："上文馬二百蹄，比千乘之家，不容亦二百。"

按："埤倉"，凌本作"埤蒼"，同。"上文馬二百蹄，比千乘之家，不容亦二百。"凌本作："上文馬二百蹄，與千户侯等；此蹄躈千比千乘之家，不容亦二百。"上文即"故曰陸地牧馬二百蹄……此其人皆與千户侯等。"則凌本是。

10/3282/3　"田農，掘業"《集解》：徐廣曰："古'拙'字亦作'掘'也。"

按："掘業"，凌本逕作"拙業"。《史記》用"拙"字多矣，如《律書》"用之有巧拙"，《仲尼弟子列傳》"且夫無報人之志而令人疑之，拙也"，《范睢蔡澤列傳》"聞楚之鐵劍利而倡優拙。夫鐵劍利則士勇，倡優拙則思慮遠"，"非計策之拙，所爲説力少也"。《扁鵲倉公列傳》"良工取之，拙者疑殆"，本卷亦有"而巧者有餘，拙者不足"，皆作"拙"，不當此獨作古字。疑此"掘"乃涉下"掘冢"而譌。

《太史公自序》

10/3287/7（注八）"還而與之俱賜死杜郵"《索隱》：下音尤。李奇曰："地名，在咸陽西。"按《三秦記》其地後改爲李里者也。

按：凌本"咸陽西"後有"十里"二字。《漢書·司馬遷傳》"還而與之俱賜死杜郵"注："李奇曰：'地名，在咸陽西十里。'"亦有"十里"二字。《史記·白起王翦列傳》："武安君既行，出咸陽西門十里,至杜郵。"蓋李奇説所本。

10/3290/3（注七）"名家使人儉而善失真"《索隱》：案：名家流出於禮官。

按："案",凌本作"劉向《別録》云",可補。《漢書·藝文志》："名家者流,蓋出於禮官。"《漢志》即據劉向《別録》而作也。

10/3297/5（注三）"小子何敢讓焉"《索隱》："讓"《漢書》作"攘"。晉灼云："此古'讓'字,言己當述先人之業,何敢自嫌值五百歲而讓也。"

按："先人之業",凌本作"先人之成業"。《漢書·司馬遷傳》："小子何敢攘焉。"師古注曰："攘,古讓字。言當己述成先人之業,何敢自謙,當五百歲而讓之也。"

附録一　待　質　録

《夏本紀》

1/53/8"既修太原,至於嶽陽。"《正義》:《括地志》云:"霍山在沁州沁原縣西七八十里。"

　　按:"七八十里"當作"七十八里"。《括地志》云"某地在某縣某方向若干里",多精確至具體里程,未有作"某地東三四十里"、"某地西五六十里"者。考《元和郡縣圖志·河東道二·沁州·沁源縣》有:"霍山一名太嶽,在縣西七十八里"①,《太平寰宇記》卷五十《河東道十一》有"霍山,山闊,故歷於郡界,太嶽也,縣西七十八里。"②皆可證此"七八十里"乃"七十八里"之譌。雍正《山西通志·山川二·嶽陽縣》所引《括地志》亦作"七十八里"③。

《殷本紀》

1/99/1 "太宗崩,子沃丁立。"

　　按:疑"子"下有一"帝"字。《殷本紀》述前後帝相代,其類有

---

① (唐)李吉甫《元和郡縣圖志》卷十三《河東道二》,381 頁。
② 《太平寰宇記》卷五十《河東道十一》,文淵閣《四庫全書》本。
③ 雍正《山西通志》卷十八《山川二》,文淵閣《四庫全書》本。

三：其一，父死子承，例云"(帝)甲崩，子帝乙立。"如"帝太庚崩，子帝小甲立"(99/15)、"中宗崩，子帝中丁立"(100/13)、"河亶甲崩，子帝祖乙立"(101/10)，"祖乙崩，子帝祖辛立"(101/11)，"帝小乙崩，子帝武丁立"(102/12)，"帝武丁崩，子帝祖庚立"(104/2)，"帝甲崩，子帝廩辛立"(104/7)，"帝庚丁崩，子帝武乙立"(104/7)、"暴雷，武乙震死。子帝太丁立"(104/11，此例畧異)、"帝太丁崩，子帝乙立"(104/12)。其二，兄終弟及，例云："帝甲崩，弟乙立，是爲帝乙。"如"沃丁崩，弟太庚立，是爲帝太庚"(99/5)、"帝小甲崩，弟雍己立，是爲帝雍己"(99/5)、"帝雍己崩，弟太戊立，是爲帝太戊。"(100/3)"帝中丁崩，弟外壬立，是爲帝外壬。"(100/13)、"帝外壬崩，弟河亶甲立，是爲帝河亶甲"(101/1)、"帝祖辛崩，弟沃甲立，是爲帝沃甲"(101/11)、"帝陽甲崩，弟盤庚立，是爲帝盤庚。"(102/1)"帝盤庚崩，弟小辛立，是爲帝小辛"(102/9)、"帝小辛崩，弟小乙立，是爲帝小乙。"(102/10)"帝祖庚崩，弟祖甲立，是爲帝甲"(104/5)、"帝廩辛崩，弟庚丁立，是爲帝庚丁"(104/7)。三，其他，例云："帝甲崩，立乙之子丙，是爲帝丙。"如"湯崩，太子太丁未立而卒，於是乃立太丁之弟外丙，是爲帝外丙。帝外丙即位三年，崩，立外丙之弟中壬，是爲帝中壬。帝中壬即位四年，崩，伊尹乃立太丁之子太甲。太甲，成湯嫡長孫也，是爲帝太甲。"(98/8)"帝沃甲崩，立沃甲兄祖辛之子祖丁，是爲帝祖丁。帝祖丁崩，立弟沃甲之子南庚，是爲帝南庚。帝南庚崩，立帝祖丁之子陽甲，是爲帝陽甲。"(101/11)要之，此處"太宗崩，子沃丁立"，當作"太宗崩，子帝沃丁立。"又下"帝乙崩，子辛立，是爲帝辛"(105/1)，乃父死子承，而誤用兄終弟及之文，疑亦當作"帝乙崩，子帝辛立"，或"子帝立"當爲"弟辛立"。

《秦本紀》

1/185/12　"齊桓公伐山戎，次於孤竹。"《正義》：《括地志》云："孤竹故城在平州盧龍縣十二里，殷時諸侯竹國也。"

按："盧龍縣"後當補"南"字，"竹國"當作"孤竹國"，《周本紀》"伯夷、叔齊在孤竹"《正義》、《封禪書》"過孤竹"《正義》、《伯夷列傳》"伯夷、叔齊，孤竹君之二子也"《正義》皆可證。

1/194/6　"三十六年，繆公復益厚孟明等，使將兵伐晉，渡河焚船，大敗晉人，取王官及鄗。"《正義》：《括地志》云："王官故城在同州澄城縣西北九十里。又云南郊故城在縣北十七里。又有北郊故城，又有西郊古城。《左傳》云文公三年，秦伯伐晉，濟河焚舟，取王官及郊也。"

按："西郊古城"，應作"西郊故城"，與前"南郊故城"、"北郊故城"同。《括地志》時有"某故城在某地"者。

1/197/9　"三十九年，楚靈王強，會諸侯于申。"《正義》：在鄧州南陽縣[北]三十里。

按：《楚世家》："文王二年，伐申，過鄧。"《正義》："《括地志》云：'故申城在鄧州南陽縣北三十里。……'"《鄭世家》"武公十年，娶申侯女"《正義》："《括地志》云：'故申城在鄧州南陽縣北三十里。《左傳》云鄭武公取于申也。'"與此《正義》出處同，則此宜補"《括地志》云"四字。《匈奴列傳》"穆王之後二百有餘年，周幽王用寵姬褒姒之故，與申侯有隙"《正義》："故申城在鄧州南陽縣北三十里，周宣王舅所封。"亦當補"《括地志》云"四字。又《秦本紀》"白起爲武安君"《正義》："言能撫養軍士，戰必克，得百姓安集，故號武安。故城在(潞)洺州武安縣西南五十里，七國時趙邑，即趙奢救閼與處也。""故城在"云云，乃《括地志》文，據《外戚世家》"封田蚡爲武安侯"《正義》:"《括地志》云:'武安故城在洺州武安縣西南七里,六國時趙邑,漢武安縣城也。'"可知;《秦本紀》"五十一年,將軍摎攻韓,取陽城、負黍"《正義》:"今河南府縣也。負黍亭在陽城縣西南三十五里,本周邑,亦時屬韓也。""負黍亭"云云,亦《括地志》文,據《周本紀》"五十九年,秦取韓陽城負黍"《正義》:"《括地志》云:'陽城,洛州縣也。負黍亭在陽城縣西南三十五里。故周邑。《左傳》云'鄭伐周負黍'是也。'今屬韓國也。"及《鄭世家》"十六年,鄭伐韓,敗韓兵於負黍"《正義》:"《括地志》云:'負黍亭在洛州陽城縣西南三十五里,故周邑也。'"可知,此二處前亦當補"《括地志》云"四字。此類例非一,不贅舉。

1/216/7 "蔡陽、長社,取之。"《正義》:《括地志》云:"蔡陽,今豫州上蔡[縣蔡]水之陽,古城在豫州北七十里。"

　　按:"古城"當作"故城"。"古城"、"故城"義可通,然《史記正義》所引《括地志》例皆作"某故城在某地",共二百七十餘例,而"某古城在某地"者,除此條外僅四例,即《齊悼惠王世家》"齊悼惠王子,以白石侯,文帝十六年爲膠東王"。《正義》云:"白石古城在德州安德縣北二十里。"《伯夷列傳》"伯夷、叔齊,孤竹君之二子也。"《正義》云:"《括地志》云:'孤竹古城在盧龍縣南十二里,殷時諸侯孤竹國也。'"(《封禪書》"過孤竹"《正義》:"《括地志》云:'孤竹故城在平州盧龍縣南一十里,殷時孤竹國也。'即作'故城'。")《黥布列傳》"項梁至薛"《正義》:"薛古城在徐州滕縣界也。"(《魯仲連鄒陽列傳》"不得入于魯,將之薛"《正義》:"薛侯故城在徐州滕縣界也。"即作"故城"。)《貨殖列傳》"烏氏倮"《正義》:"縣,古城在涇州安定縣東四十里。"(《匈奴列傳》"烏氏"《正義》:"《括地志》云:'烏氏故城在涇州安定縣東三十里。'"即作"故城"。)則"某古城在某地"似統一作"某故城在某地"爲宜。又《秦本紀》"取王官及鄜"《正義》："《括地志》云：'……又有北郊故城，又有西郊古城。'""西郊古城"，亦當作"西郊故城"，與前"南郊故城"、"北郊故城"一致。《括地志輯校》已改作"故城"。

《秦始皇本紀》

1/252/6 "皇帝奮威，德並諸侯，初一泰平。"

　　按：凌本上欄云："按：'泰平'疑是'泰宇'方叶韻。"自此句前，末字依次爲"息"、"服"、"域"，皆押入聲韻。此句起，末字依次爲"平"、"阻"、"撫"、"序"、"所"、"矩"，若作"宇"，可押韻。若作"平"，則與前後皆不押韻，"平"當爲譌字。"平"、"宇"字形較近，或可譌變。"泰宇"猶天下。下文有"皇帝休烈，平一宇内，德惠修長"，又有"皇帝並宇，兼聽萬事，遠近畢清"，"平一宇内"、"並宇"，皆"一泰宇"之義也，可證凌本上欄所言非無據也。

1/257/7 "願上所居宮毋令人知，然後不死之藥殆可得也。"

　　按：疑"殆"字爲"始"字形近之譌。古書固多"……然後……始（乃）……"之類條件關係復句，如：《儒林列傳》："故漢興，然後諸儒始得修其經藝，講習大射鄉飲之禮。"《遊俠列傳》："不可者，各厭其意，然後乃敢嘗酒食。"《大宛列傳》："必先納聘，然後乃遣女。"《日者列傳》："且夫卜筮者，掃除設坐，正其冠帶，然後乃言事，此有禮也。"《樂書》"然後立之學等"《正義》："前用樂陶情和暢，然後乃以樂語樂舞二事教之，民各隨己性才等差而學之，以備分也。""然後發以聲音，文以琴瑟"《正義》："其身已正，故然後乃可制樂爲化，故用歌之音聲内發己之德，用琴瑟之響外發己之行。""然後治其飾"《正義》："前動心有德，次行樂有法，然後乃理其文飾也。"《陳涉世家》"褚先生曰"《索隱》："據此是褚先生述《史記》，加此贊首'地形險阻’數句，然後始稱賈生之言，因即改太史公之目，而自題己位號也。”

1/272/4　“減省”《正義》：上色反。

　　按：“省”字無“上色反”音，疑“減省”原爲“減嗇”，“嗇”字正爲“上色反”。

1/274/10　“閻樂曰”。

　　按：此“閻”字疑爲衍文。二世與閻樂對語，此作“樂曰”即可，不須復言其姓。

1/279/3　“包舉宇内、囊括四海之意。”《集解》：張晏曰：“括，結囊也。言其能包含天下。”《索隱》注同。

　　按：此句《史記索隱》本無《索隱》，殿本亦無《索隱》。黄本、凌本則云“《索隱》注同”。然則《索隱》原應有文，與《集解》同，後人因而删去，而略記曰：“《索隱》注同。”中華本此當重出《索隱》。縱不重出，亦當于“《索隱》”二字加框，示“注同”二字，不當以“《索隱》注同”四字列于《集解》文中。《孝景本紀》“二年春，封故相國蕭何孫係爲武陵侯”，黄本、凌本有《集解》：“徐廣曰：‘《漢書》亦作系’。鄒誕生本作‘傒’，音奚。又案：《漢書·功臣表》及《蕭何傳》皆云孫嘉，疑其人有二名。”下云：“《索隱》注同”。而中華本以圓括號删去《集解》，又有《索隱》：“《漢書》亦作‘係’，鄒誕生本作‘傒’。又按：《漢書·功臣表》及《蕭何傳》皆云孫嘉，疑其人有二名也。”未知何以删《集解》也。又同卷“軍東都門外”，黄本、凌本有《集解》：“按：《三輔黄圖》東出北第一門曰宣平門，外曰東都門。”下云：“《索隱》注同。”殿本無《索隱》。中華本《集解》“北”字下多一“頭”字，《索隱》作“按：《三輔黄圖》東出北第一門曰宣平門，外曰東都門”。又《孝武本紀》“還至瓠子”黄本《集解》：“服虔曰：‘瓠子，隄名。’蘇林曰：‘在甄城以南，濮陽以北，廣百步，深五丈所。’瓚曰：‘所決河名。”下云“《索隱》注同”。殿本無《索隱》。而中華本有《索隱》：“瓠子，決河名。蘇林曰：‘在甄城以南，濮陽以北，廣百步，深五丈。’”則處此亦當如上，重出《索隱》，不應因索隱本誤刪而徑作“《索隱》注同”。

《項羽本紀》

1/299/1 “聞陳嬰已下東陽”《正義》：《括地志》：“東陽故城在楚州盱眙縣東七十里，秦東陽縣城也，在淮水南。”

　　按：“括地志”後當有一“云”字，《正義》引《括地志》凡九百餘例，後皆有“云”字（有極少數作“《括地志》又云”者，蓋前已引《括地志》一次），此不當異。

1/323/12 “楚又追擊至靈壁東睢水上”《正義》：睢，音雖。《括地志》云：“睢水首受浚儀縣莨蕩水，東經取慮，入泗，過郡四，行千二百六十里。”

　　按：此《括地志》蓋本《漢書·地理志上》，原文爲“睢水首受狼湯水，東至取慮入泗，過郡四，行千三百六十里”，則此“行千二百六十里”，“二百”當作“三百”。

1/332/13 “睢陽以北至穀城”《正義》：《括地志》云：“穀城故在濟州東阿縣東二十六里。”

　　按：《史記正義》引《括地志》例皆作“某城故城在某處”，此“穀城故”後當脫一“城”字，《括地志輯校》已補。又《趙世家》“二年，李牧將，攻燕，拔武遂、方城。”《正義》：“《括地志》云：‘方城故在幽州固安縣南十七里。’”“方城故”後亦脫一“城”字，《括地志輯校》已補。又《淮南衡山列傳》“先要成皋之口”《正義》：“成皋故城在河南汜水縣東南二里。”黃本原無“城”字，中華本補一“城”字，而《括地志輯校》據《項羽本紀》"漢王亦與數十騎從城西門出,走成皋。"《正義》:"《括地志》云:'成皋故縣在洛州氾水縣(西)〔東〕南二里。'"補一"縣"字。

《高祖功臣侯者年表》

3/898 二列八行成:"元狩三年,侯朝爲濟南太守,與成陽王女通,不敬,國除。"

按:"成陽"當作"城陽",諸侯國名固當作"城陽","成陽"非也。《漢書·高惠高后文功臣表·成敬侯董渫》:"元光三年,侯朝嗣,十二年,元狩三年,坐爲濟南太守與城陽王女通,耐爲鬼薪。"即作"城陽"。

3/962 二列八行戴:"後元元年五月甲戌,坐祝詛,無道,國除。"

按:金陵書局本、中華本各表例皆作"後(中)某年",不作"後(中)元某年",此當刪一"元"字。

《建元已來王子侯者年表》

3/1094 三列一行武始:"武始"《索隱》:表在魏。

按:前"畢梁"、"房光"、"蓋胥"、"陪安",《索隱》皆曰:"表在魏郡",則此"表在魏"後亦當有一"郡"字。

《樂書》

4/1219/11 "故禮主其謙"《索隱》:王肅曰:"自謙慎也。"

按:"謙慎"當作"謙損"。此句《集解》云:"鄭玄曰:'人所倦也。'王肅曰:'自謙損也。'"《索隱》與《集解》皆引王肅說,自當相同。《索隱》作"謙慎"蓋形譌。"禮主其謙",《樂記》作"禮主其減"。下文"以進爲文"《集解》:"王肅曰:'禮自減損,所以進德修業也。'""故禮有報"《集解》亦有"王肅曰:'禮自減損,而以進爲報也。'"謙、減、損,其義一也,皆與"慎"無涉。

《律書》

4/1240/4　"聞聲效勝負"《索隱》：《周禮》："太師執同律以聽軍聲而占其吉凶"是也。

　　按：《周禮·春官·太師》作"大師執同律以聽軍聲，而詔吉凶"。則此"占其吉凶"，當作"詔其吉凶"，下《正義》即作"昭其吉凶"，應統一。

《天官書》

4/1329/11　"兔過太白"《索隱》：兔過太白。

　　按：金陵書局本《索隱》主要依據索隱本，若索隱本史文不同，則在《索隱》中專出其文。此處《索隱》專出之"兔過太白"，與史文同，有違其例。考"兔過太白"，凌本、殿本、金陵本皆作"兔過太白"，本字實爲"㲸"，中華書局本史文改作"兔"，亦當標改字元。

《封禪書》

4/1362/12　"過孤竹"《正義》："《括地志》云：'孤竹故城在平州盧龍縣南一十里，殷時孤竹國也。'"

　　按：疑"一十里"爲"十二里"之誤。三家注"某地在某地東十里"者九次，"南十里"者二十次，"西十里"者七次，"北十里"者十一次，"東南十里"者八次，"東北十里"者二次，"西南十里"者四次，"西北十里"者四次，他無作"某地在某地東（或其他方位）一十里"者。《秦本紀》"齊桓公伐山戎，次於孤竹"《正義》："《括地志》云：'孤竹故城在平州盧龍縣[南]十二里，殷時諸侯竹國也。'"《伯夷列傳》"伯夷、叔齊，孤竹君之二子也"《正義》云："《括地志》云：'孤竹故城在盧龍縣南十二里，殷時諸侯孤竹國也。'"並作"十二里"，皆可證。

《封禪書》

4/1375/2 "二淵"《正義》：《地理志》云二川源在慶州華池縣西子午嶺東，二川合，因名也。

　　按：考《漢書・地理志》無此文。且慶州乃唐地名，非漢地名。此句前"汧、洛"《正義》云："《括地志》云：'汧水源出隴州汧源縣西南汧山，東入渭。洛水源出慶州洛源縣白于山，南流入渭。'又云：'洛水，商州洛南縣西塚嶺山，東北流入河。'"此處《正義》與之句式、内容皆相近，蓋亦《括地志》文，而誤作《地理志》。《括地志輯校》已收此條入慶州華池縣，甚是。

《三王世家》

6/2117/5 "一子爲平曲侯"《正義》：《地理志》云平曲縣屬東海郡。又云在瀛州文安縣北七十里。

　　按：考《漢書・地理志上》，東海郡實有平曲縣，然無"在瀛州文安縣北七十里"之文。《孝景本紀》"隴西太守渾邪爲平曲侯"《正義》云："《括地志》云：'平曲縣故城在瀛州文安縣北七十里。'"與此"又云在瀛州文安縣北七十里"顯出一處。則此"又云"者，乃出《括地志》。此當此作："《地理志》云平曲縣屬東海郡。《括地志》云'在瀛州文安縣北七十里'。"《括地志輯校》收此條入瀛州文安縣，注出處二，一爲《孝景本紀》條，另一即此《三王世家》條。

《傅靳蒯成列傳》

8/2710/16 "南至蘄、竹邑"《索隱》：蘄、竹，二邑名。上音機。竹即竹邑。

　　按：史文本應無"邑"字，否則《索隱》何須云"蘄、竹，二邑名"、"竹即竹邑"？且凡《索隱》注音云"上音某"或"上音某，下音某"者，皆在二字之下，"上音某"者，注二字中上字之音；"下音某"者，注二字中下字之音。此若有"邑"字,《索隱》云"上音某"例應是爲"竹邑"二字之上字"竹"注音也,與實際不符。若無"邑"字,《索隱》云"上音某",例正爲"蘄、竹"二字之上字"蘄"注音,故知此處衍"邑"字。又"上音機",黄本、凌本作"蘄在沛,音機",可補。

《田叔列傳》

9/2781/11 "其後用任安爲益州刺史"《正義》:《地理志》云武帝改曰梁州。

　　按:考《漢書·地理志》無"武帝改曰梁州"之語。考《晉書·地理志上》有"魏景元中,蜀平,省東廣漢郡。及武帝泰始二年,分益州置梁州,以漢中屬焉",則此《地理志》乃《晉書·地理志》,非《漢書·地理志》,不當省略"晉書"二字。武帝,晉武帝司馬炎也。

《扁鵲倉公列傳》

9/2804/5 "汗出伏地者,切其脈,氣陰。陰氣者,病必入中,出及瀺水也。"

　　按:疑"陰氣者"當作"氣陰者"。《史記》常有"……,某某。某某(者),……"句式。如本卷前:"所以知成之病者,臣意切其脈,得肝氣。肝氣濁而静,此内關之病也。""所以知其後五日而臃腫,八日嘔膿死者,切其脈時,少陽初代。代者經病,病去過人,人則去。""周身熱,脈盛者,爲重陽。重陽者,逿心主。""故煩懣食不下則絡脈有過,絡脈有過則血上出,血上出者死。""所以知信之病者,切其脈時,並陰。……切之不交,並陰。並陰者,脈順清而愈,其熱雖未盡,猶活也。""病得之流汗出潚。潚者,去衣而汗晞也。""所以加寒熱,言其人屍奪。屍奪者,形弊;形弊者,不當關灸鑱石及飲毒藥也。""衆醫皆以爲寒中,臣意診其脈,曰:'迴風。'迴風者,飲食下嗌而輒出不留。"後亦有:"病得之流汗。流汗者,法病内重,毛發而色澤,脈不衰,此亦内關之病也。""臣意復診其脈,而脈躁。躁者有餘病,即飲以消石一齊,出血,血如豆比五六枚。""所以至春死病者,胃氣黃。黃者土氣也,土不勝木,故至春死。""其所以四月死者,診其人時愈順。愈順者,人尚肥也。""所以知韓女之病者,診其脈時,切之腎脈也,嗇而不屬。嗇而不屬者,其來難。""病蟯得之於寒濕,寒濕氣宛篤不發,化爲蟲""臣意診脈,曰:'牡疝'。牡疝在鬲下,上連肺。病得之内。""所以知項處病者,切其脈得番陽。番陽入虛里,處旦日死。"又有變體,如"……甲而乙。甲者,……;乙者,……"句式。如本卷:"腎切之而相反也,脈大而躁。大者,膀胱氣也;躁者,中有熱而溺赤。""此五藏高之遠數以經病也,故切之時不平而代。不平者,血不居其處;代者,時參擊並至,乍躁乍大也。"

《衛將軍驃騎列傳》

9/2924/16 "按榆谿舊塞"《索隱》:按榆谷舊塞。……案:《水經》云"上郡之北有諸次水,東經榆林塞爲榆谿",是榆谷舊塞也。

　　按:索隱本作"榆谷",蓋"榆谿"之壞文。又《索隱》"上郡之北有諸次水",凌本作"上郡之北有諸次山,諸次水出焉",與《漢書》卷五十五"案榆溪舊塞"師古注合,今《水經注》亦同,是也。

《淮南衡山列傳》

10/3087/12 "徐福得平原廣澤,止王不來"《正義》:《括地志》云:"亶州在東海中,秦始皇遣徐福將童男女,遂止此州。其後複有數洲萬家,其上人有至會稽市易者。"闕文。

　　按:考《秦始皇本紀》"於是遣徐市發童男女數千人,入海求仙人"《正義》云:"《括地志》云:'亶洲在東海中,秦始皇使徐福將童男女入海求仙人,止在此洲,共數萬家,至今洲上人有至會稽市易者。

吳人《外國圖》云亶洲去琅邪萬里。’”則《淮南衡山列傳》此所闕者，即“吳人《外國圖》云亶洲去琅邪萬里”一句，當據補。

《淮南衡山列傳》

10/3091/12　“陳定發南陽兵守武關”《正義》：故武關在商州商洛縣東九十里。春秋時。闕文。

　　按：考《秦始皇本紀》“上自南郡由武關歸”《正義》云：“《括地志》云：‘故武關在商州商洛縣東九十里，春秋時少習也。杜預云少習，商縣武關也。’”則《淮南衡山列傳》此《正義》亦《括地志》文，闕文可據前所引補。

《大宛列傳》

10/3162/12　“安息”《正義》：《地理志》云：“安息國，京西萬一千二百里。自西關西行三千四百里至阿蠻國，西行三千六百里至斯賓國，從賓南行渡河又西南行，至於羅國九百六十里，安息西界極矣。自此南乘海乃通大秦國。”《漢書》云：“北康居，東烏弋山離，西條枝。國臨媯水。土著。以銀爲錢，如其王面，王死輒更錢，效王面焉。”

　　按：《漢書·地理志》無“安息國，京西萬一千二百里”之文，而《漢書·西域傳上》有“安息國，王治番兜城，去長安萬一千六百里”，與此不同，亦無後“自西關西行三千四百里至阿蠻國”云云。且此不當先引《漢書·地理志》，後又引《漢書》。今考“自西關西”云云，實《後漢書·西域傳》文：“……自安息西行三千四百里至阿蠻國。從阿蠻西行三千六百里至斯賓國。從斯賓南行度河，又西南至於羅國九百六十里，安息西界極矣。自此南乘海，乃通大秦。”然《後漢書·西域傳》云“安息國居和櫝城，去洛陽二萬五千里。”又與《正義》“京西萬一千二百里”相差甚遠，未知孰是。要之，《正義》

此"《地理志》"蓋"《括地志》"之誤,乃《括地志》引他書之文,後又訛爲"《地理志》",此類亦時有之。賀次君已收此條入西域,並有按語:"按此《括地志》文,各本《史記》《正義》俱誤作《地理志》,《漢志》無此文。"然亦未能考知其原始出處,因改"西關"爲"陽關",云:"'西'當作'陽',漢至唐通西域諸國皆自陽關出。"實此"西關"乃"安息"之誤也。

10/3181/12《游俠列傳》"二者皆譏"《正義》:譏,非言也。儒敝亂法,俠盛犯禁,二道皆非,而學士多稱于世者,故太史公引《韓子》,欲陳遊俠之美。

　　按:《正義》"非言",疑"言也"二字誤倒,當作:"譏,非也。言儒敝亂法……"。《楚辭·大招》"誅譏罷只"王逸注亦云:"譏,非也;罷,駑也。言楚國選舉,必先升用傑俊之士,壓抑無德不由階次之人,非惡罷駑,誅而去之。"

附録二　中華書局點校本
第二版誤字舉例

　　1959 年 9 月，中華書局點校本《史記》作爲國慶十周年獻禮推出，由於時間倉促，其中自然有個別誤字。1982 年 11 月，又有第二版，後來歷次印刷，都曾改正發現的一些誤排之處。但校書如掃葉，隨掃隨生，每次改正誤字的同時，往往又有新排錯者。今列舉 2002 年 3 月北京第 17 次印刷本中的誤排如下，以見一斑：

1/50/12　東晳《發蒙紀》云：“鱉三足曰熊。”

　　按：“東晳”，初版作“束晳”不誤。

1/180/4　秦文公車猎汧渭之會，卜居之，乃營邑焉，即此城也。

　　按：“車獵”，初版作“東獵”，不誤。

1/291/13　是吕布韋幸姬有娠，獻莊襄王而生始皇，故云吕政。

　　按：“吕布韋”，初版作“吕不韋”，不誤。

1/313/10　夫秦王有虎狼之心，殺人如不能舉，刑人如不恐勝，天下皆叛之。

　　按：“如不恐勝”，初版作“如恐不勝”，不誤。

2/369/5　《括地志》云：“王陵故城在商州上洛陽南三十一里。”

　　按：“上洛陽南”，初版作“上洛縣南”，不誤。

2/480/11　濟南人公王帶上黃帝時明堂圖。

　　按："公王帶"，初版作"公玉帶"，不誤。

2/485/9　至如八神諸神，明年、凡山他名詞，行過則祀，去則已。

　　按："名詞"，初版作"名祠"，不誤。

2/502　四列八行：滑伯。

　　按："滑伯"，初版作"靖伯"，不誤。

2/728　二列二行：徐晉人犀首爲大良造。

　　按："徐晉"，初版作"陰晉"，不誤。

2/758　《索隱述贊》：三卿分晉，八代與嬀。

　　按："與嬀"，初版作"興嬀"，不誤。

3/888　一列二行堂邑：復相楚元王十一年。

　　按："十一年"，初版作"十二年"，不誤。

3/984　一列四行襄成：二年，侯義爲常出王，國除。

　　按："常出王"，初版作"常山王"，不誤。

3/1062/4　安平：三歲，以季父憚故出惡言，繫獄當死，得免，爲庶人，國除。

　　按："季父憚"，初版作"季父憚"，不誤。

4/1193/15　謂腥俎玄尊，表誠象古而已，不在芬芯孰味。

　　按："芬芯"，初版作"芬苾"，不誤。

4/1201/12　諸侯朝天子，修其職貢，若有勳勞者，天子賜之大路也。

　　按："勳勞"，初版作"勳勞"，不誤。

4/1289/10　姚氏案：《春秋元命包》云"官之爲言宣也，宣氣立精爲神垣"。

　　按："官之爲言"，初版作"宮之爲言"，不誤。

4/1372/6　白華以西。

　　按："白華以西"，初版作"自華以西"，不誤。

4/1422/11　獲者虜萬五千級。

　　按："者虜"，初版作"首虜"，不誤。

5/1449/3《春秋經》襄三年"楚公子嬰齊帥師伏吴"。

　　按："伏吴"，初版作"伐吴"，不誤。

5/1647/2　韋昭云："伯楚，寺人坡之字也，於文公時爲勃鞮也。"

　　按："寺人坡"，初版作"寺人披"，不誤。

5/1671/2　彭衙在郃陽北，汪不知所在。

　　按："郃陽"，初版作"部陽"，不誤。

6/1873/5《括地志》云："方城山在許州葉縣西南十八里。"

　　按："方城山"，初版作"方城山"，不誤。（二版此有剜改痕，未
詳何故。）

7/2267/4　數戰則民勞，入師則兵敝矣。

　　按："入師"，初版作"久師"，不誤。

8/2476/5　张晏曰："七族，上至會祖，下至曾孫。"

　　按："會祖"，初版作"曾祖"，不誤。

8/2477/7　陶家名横下圓轉者爲鈞，以其能制器爲大小，比之於天。

　　按："横"，初版作"模"，不誤。

8/2556/11　几鳥翼擊物曰搏，足取曰攫，故人取物謂之搏。

　　按："几鳥"，初版作"凡鳥"，不誤。

8/2693/15　漢王數因滎陽、成皋。

　　按："因"，初版作"困"，不誤。

8/2724/1《古今注》示云"羣臣始朝十月"也。

　　按："示云"，初版作"亦云"，不誤。

9/2791/3　凡此數事，皆五藏蹙中之時暴作也。

按："蹙"，初版作"蹙"，不誤。

9/2799/11　衆醫皆以爲蹙入中。

按："蹙"，初版作"蹙"，不誤。

9/2921/8　《漢書》曰與主家僮衛媼通。案：即云家僮，故知非老。

按：《索隱》"即云"，初版作"既云"，不誤。

9/2940/4　张晏曰："《諡法》'布義行剛曰景，闢土服遠曰桓'。"

按："闢土"，初版作"闢土"，不誤。

9/3004/9　"蘗離朱楊"《集解》："徐廣曰：'蘗，音扶戾反。'"

按：史文及《集解》"蘗"，初版作"蘗"，不誤。

9/3075/6　吏以聞上，上方怒趙王，夫理屬王母。

按："夫"，初版作"未"，不誤。

10/3100/12　三去相而不悔，知非己之罪也。

按："不悔"，初版作"不悔"，不誤。

10/3110/15　今黯以諸侯相秩居淮陽。

按："今"，初版作"令"，不誤。

10/3260/7　斥賣，求奇繪物。

按："奇繪物"，初版作"奇繒物"，不誤。

參 考 文 獻

(一)《史記》各版本

凌稚隆:《史記評林》,影印明萬曆四年凌氏家刻本,《四庫未收書輯刊》第 1 輯第 10—11 册,北京出版社,2000.(凌本、評林本,本論文簡稱,下同)

凌稚隆、李光縉:《史記評林》,影印明凌稚隆輯校、李光縉增補《史記評林》本,天津古籍出版社,1998.(李光縉增補本)

凌稚隆:《史記評林》,明萬曆四年凌氏家刻本,清錢泰吉校並跋,上海圖書館藏.

凌稚隆、李光縉:《史記評林》,明萬曆熊氏種德堂刻本,清張文虎、唐仁壽校,上海圖書館藏.

司馬遷:《史記》,明嘉靖四年汪諒刻、柯維熊校本,南京圖書館藏.(柯本)

司馬遷:《史記》,明嘉靖四年王延喆刻本,南京圖書館藏.(王本)

司馬遷:《史記》,光緒二十九年五洲同文局石印清乾隆四年武英殿刊本.(殿本)

司馬遷:《史記》,影印《四庫全書》本,上海古籍出版社版,1987.(淵本)

司馬遷：《史記集解》，影印《四庫全書》本，上海古籍出版社，1987.
　（集解本）

司馬遷：《史記索隱》，影印《四庫全書》本，上海古籍出版社，1987.
　（索隱本）

司馬遷：《史記正義》，影印《四庫全書》本，上海古籍出版社，1987.
　（正義本）

司馬遷：《史記》，清同治五年金陵書局刊本.（金陵書局本、局本）

司馬遷：《史記》，縮印商務印書館百衲本，浙江古籍出版社，1998.
　（百衲本）

司馬遷：《史記》，中華書局 1959 年 9 月第 1 版，1975 年 3 月第 7
　次印刷本.（中華本）

司馬遷：《史記》，中華書局 1982 年第 2 版，2002 年 3 月第 17 次印
　刷本.（二版本）

司馬遷：《史記》，影印慶元黃善夫本，日本古典研究會，日本汲古
　書院，1998（黃本）

（二）專著

王太岳等：《欽定四庫全書考證》，書目文獻出版社，1991.

張文虎：《校勘史記集解索隱正義札記》，中華書局，1977.

張元濟：《百衲本二十四史校勘記·史記校勘記》，商務印書
　館，1997.

瀧川資言、水澤利忠：《史記會注考證附校補》，上海古籍出版
　社，1986.

賀次君：《史記書録》，商務印書館，1958.

張玉春：《史記》版本研究，北京：商務印書館，2001.

張興吉:《元刻史記彭寅翁本研究》,鳳凰出版社,2006.

徐蜀編:《二十四史訂補》,書目文獻出版社,1996.

杭世駿:《史記考證》,《續修四庫全書》本,上海古籍出版社,2002.

佚名:《史記疏證》,《續修四庫全書》本,上海古籍出版社,2002.

王筠:《史記校》,《二十五史三編》本,岳麓書社,1994.

錢泰吉《甘泉鄉人稿》,《續修四庫全書》本,上海古籍出版社,2002.

王元啓:《史記三書正訛》,《叢書集成初編》147 册,中華書局,1985.

丁晏:《史記毛本正誤》,《叢書集成初編》147 册,中華書局,1985.

王念孫:《讀書雜志》,江蘇古籍出版社,1985.

梁玉繩:《史記志疑》,中華書局,1981.

梁玉繩等:《史記漢書諸表訂補十種》,中華書局,1982.

崔適:《史記探源》,中華書局,1986.

郭嵩燾:《史記札記》,商務印書館,1957.

李景星:《史記評議》,東北師範大學出版社,1985.

李笠:《廣史記訂補》,復旦大學出版社,2001.

陳直:《史記新證》,天津人民出版社,1979.

魯實先:《史記會注考證駁議》,岳麓書社,1986.

馮永軒:《史記楚世家會注補校》,湖北教育出版社,1993.

張衍田:《史記正義佚文輯校》,北京大學出版社,1985.

李人鑒:《太史公書校讀記》,甘肅人民出版社,1998.

王叔岷:《史記校證》,中華書局,2007.

張家英.《史記十二本紀疑詁》,黑龍江教育出版社,1997.

程金造:《史記索隱引書考實》,中華書局,1998.

程金造:《史記管窺》,陝西人民出版社,1985.

趙生群：《史記文獻學叢稿》，鳳凰出版社，2000.

班固：《漢書》，中華書局，1962.

紀昀：《四庫全書總目》，中華書局，1965.

張元濟：《校史隨筆》，上海古籍出版社，1998.

中國科學院歷史所：《史記研究的資料和論文索引》，科學出版社，1957.

楊燕起、俞樟華：《史記研究資料索引和論文專著提要》，蘭州大學出版社，1988.

周學濬：《湖州府志》，清同治十三年刻本.

羅愫、杭世駿：《烏程縣志》，清乾隆十一年刻本.

閔寶梁：《晟舍鎮志》，清鈔本.

凌士麟：《凌氏宗譜》，清鈔本，上海圖書館藏.

（三）期刊論文

章培恒：《關于古籍整理工作的規範化問題——以底本問題爲中心》，《中國典籍與文化論叢》第七輯，北京大學出版社，2002.

趙生群、王華寶：《史記新整理本芻議》，淮陰師範學院學報，2002，6，780－794.

安平秋：《史記版本述要》，《古籍整理與研究》，1986，1，16－40.

張玉春：《歷代史記版本著録考論》，《古籍整理研究學刊》，2001，3，1－7.

王紹曾：《試論敢爲天下先的張元濟先生——從整理〈百衲本二十四史校勘記〉重新認識〈百衲本二十四史〉的版本價值》，《中國典籍與文化論叢》第七輯，北京大學出版社，2002.

杜澤遜：《論南宋黃善夫本史記及其涵芬樓影印本》，《中國典籍與文化論叢》第三輯,中華書局,1995.

王華寶:《史記整理平議》,南京師大學報,2003,5,149－155.

王華寶:《史記校點本訛誤辨正》,古籍整理研究學刊,2003,5,
　　84－88.

陳静:《中華書局點校本史記校勘評議》(碩士論文),南京師範大
　　學文學院,2001.

趙昌文:《史記索隱佚文探索》(碩士論文),南京師範大學文學
　　院,2001.

尤德艷:《史記正義佚文研究》(碩士論文),南京師範大學文學
　　院,2001.

王華寶:《史記校勘研究——以中華書局校點本爲中心》(博士論
　　文),南京師範大學文學院,2004.

王永吉:《史記紀表校勘》(碩士論文),南京師範大學,2004.

王永吉:《史記殿本研究》(博士論文),南京師範大學文學院,2007.

後　　記

　　終于完成了論文，似乎可以松一口氣，但我心裏很清楚，由於種種原因，論文遠遠沒有達到預期的設想。比如《評林》本究竟校正了底本柯本的多少譌誤，又有多少誤改、多少誤刻？柯本究竟校正了底本黄善夫本的多少譌誤，又有多少誤改、多少誤刻？這些結論應該在通校《評林》本與柯本、柯本與黄本之後得出，但由於條件和精力所限，無法完全實現，祇能署舉數例以説明，一定程度上難免會影響結論的全面性和可靠性。此外，萬曆之後《史記》各版本之校刊，究竟吸收了《評林》本多少成果？梁玉繩《史記志疑》中，有多少誤訂《評林》本之處？由於學力所限，也祇能暫且從略。而下編札記部分，訂正中華書局點校本譌誤之處，也難免會以不誤爲誤。同時，由於未能遍覽前賢著作，也許有時辛苦考證，其實祇不過是在重複他人心得而已。如此種種，祇能期待畢業後繼續完善或深入探討了。雖然，愚者千慮，必有一得，但能有一些校正今本《史記》之處，也算是不虚此文。何況對我而言，這三年做論文過程中，也自覺有所進步，并非勞而無功，一無所得。

　　隨園六年的光陰，永遠會是我人生中最美好的回憶，這與所謂"東方最美校園"的風景無關，讓我深深感動和激勵，並發願終身追慕的，是導師們發憤刻苦的鑽研精神、孜孜求真的學術追求、薪火相承的學術傳統以及誨人不倦的古道熱腸。在此衷心感謝敬愛的導師趙生群教授多年來的培養、指導和關心，感謝江慶柏、黄征、方向東、王鍔等老師的指教，也要感謝賀次君、安平秋、张玉春、张興吉等先生以及王華寶、王永吉等同門導夫先路的研究，感謝師弟蘇芃的激勵和啓發。

幾年的求學生活，老實説，也很艱苦，能堅持下來，并且苦中作樂，有滋有味，我還要感謝我的啓蒙恩師王翌羣先生，感謝我的家人，以及我所有的朋友們，没有大家的支持和幫助，這幾年，肯定苦不堪言，難以卒業。

也要感謝南京圖書館。南圖對我而言，不僅文獻的寶山，也是同道的樂土。每次看到那么多前輩和同好，徜徉書海，用功不輟，總會感覺吾道不孤，自然振奮起來。今當遠離，對書悵然，不知所言。

東淘周録祥

2008 年 4 月 10 日

有人説博士論文是其學術生涯的起點，行穩致遠；也有人説博士論文是其學術生涯的高峰，每況愈下。我的博士論文本就不是高峰，也未成爲起點。自 2008 年 6 月博士畢業後，一直荏苒蹉跎，事業很少成功，學術更没有長進，對這挺好的選題方向，未能繼續用功努力；撰寫期間一直困擾的部分問題，也没再去設法解決；甚至都没有裁出幾篇像樣的論文去投稿發表，包括這次出版，都是修訂改進甚微。總之，很是辜負導師趙生群教授的教誨與期望，所以

畢業後，常常不敢去面對他老人家。這次有機緣出版這部拙作，也
更沒有臉面去求序，罪過，汗顏。

　　畢業十五年之久，出版這樣一部著作，於我而言，却像是放下
一塊重負，心中生出無限滋味。書中立論不當之處，還望海内方家
不吝賜教。

韓山師範學院　周録祥

2023 年 1 月 1 日

圖書在版編目(CIP)數據

凌稚隆《史記評林》研究 / 周録祥著. —上海：
上海古籍出版社，2023.5
ISBN 978－7－5732－0712－8

Ⅰ.①凌⋯　Ⅱ.①周⋯　Ⅲ.①《史記》—研究　Ⅳ.
①K204.2

中國國家版本館 CIP 數據核字(2023)第 075904 號

凌稚隆《史記評林》研究

周録祥　著

上海古籍出版社出版發行

(上海市閔行區號景路 159 弄 1－5 號 A 座 5F　郵政編碼 201101)

(1) 網址：www.guji.com.cn

(2) E-mail：guji1@guji.com.cn

(3) 易文網網址：www.ewen.co

常熟文化印刷有限公司印刷

開本 890×1240　1/32　印張 8.625　插頁 2　字數 194,000
2023 年 5 月第 1 版　2023 年 5 月第 1 次印刷
ISBN 978－7－5732－0712－8

K·3379　定價：58.00 元

如有質量問題,請與承印公司聯繫